中/国/现/实/经/济/理/论/前/沿/系/列

国家自然科学基金项目"鄱阳湖生态经济区工业废弃物循环利用网络成员企业间利益协调机制研究"（项目编号：71163014）
江西高校哲学社会科学重点研究项目"促进鄱阳湖生态经济区循环经济发展研究"（项目编号：ZDZB201202）

循环经济研究
——以鄱阳湖生态经济区为例

A Research on Cyclic Economy
—Taking Poyang Lake Ecological Economic Zone as an Example

卢福财　饶　超　等/著

图书在版编目（CIP）数据

循环经济研究：以鄱阳湖生态经济区为例/卢福财，饶超等著 . —北京：经济管理出版社，2015.9

ISBN 978-7-5096-3877-4

Ⅰ.①循…　Ⅱ.①卢…②饶…　Ⅲ.①鄱阳湖—生态区—区域经济发展—研究　Ⅳ.①F127.56

中国版本图书馆 CIP 数据核字（2015）第 159422 号

组稿编辑：郭丽娟
责任编辑：郑　亮
责任印制：司东翔
责任校对：张　青

出版发行：经济管理出版社
　　　　　（北京市海淀区北蜂窝 8 号中雅大厦 A 座 11 层　100038）
网　　址：www.E-mp.com.cn
电　　话：（010）51915602
印　　刷：北京易丰印捷科技股份有限公司
经　　销：新华书店
开　　本：720mm×1000mm/16
印　　张：10
字　　数：163 千字
版　　次：2015 年 9 月第 1 版　2015 年 9 月第 1 次印刷
书　　号：ISBN 978-7-5096-3877-4
定　　价：48.00 元

·版权所有　翻印必究·

凡购本社图书，如有印装错误，由本社读者服务部负责调换。

联系地址：北京阜外月坛北小街 2 号

电　话：（010）68022974　邮编：100836

前　言

　　循环经济以资源高效利用和循环利用为核心，以"减量化、再利用、资源化"为原则，实现人与自然的和谐，它符合可持续发展的理念，是最终实现可持续发展的必由道路。在鄱阳湖生态经济区发展循环经济，可以保护好"一湖清水"，促进生态和经济协调发展，形成节约能源、保护环境的生产方式和消费模式，是缓解资源环境矛盾的根本出路。我们在本书中以循环经济建设为核心，在相关理论基础上，运用比较分析、案例分析、定量分析等方法对鄱阳湖生态经济区循环经济的总体状况和效率评价、三次产业循环经济发展、工业园区生态化和促进循环经济发展的对策建议等进行了系统研究。全书主要研究了以下问题：

　　(1) 发展循环经济的重要意义。大力发展循环经济，是鄱阳湖生态经济区建设的重要内容和有效途径。当前，鄱阳湖生态经济区循环经济发展取得了一定成效，但是资源消耗大、环境污染重等问题依然突出，在鄱阳湖生态经济区发展循环经济，可以保护好"一湖清水"，促进生态和经济协调发展，形成节约能源、保护环境的生产方式和消费模式，是缓解资源环境矛盾的根本出路。

　　(2) 国内外循环经济发展的主要经验。我们在对国内外循环经济发展案例进行分析比较的基础上，概括出五点有价值的经验与启示：①强化产业发展与环境保护互动中的市场作用；②建立循环经济产业体系实施产业生态化；③建立合同能源管理实行低碳循环经济；④实施以产业转型升级和环境保护为目标的产业结构调整；⑤建立适合当地特色的生态产业园。

　　(3) 鄱阳湖生态经济区循环经济评价。首先，按照动静结合和科学合理的设计原则，利用反映循环经济发展的20项统计指标对鄱阳湖生态经济区

2005~2011年发展循环经济取得的主要成效和存在的问题进行总体分析。主要成效包括：能源资源消耗明显降低；资源综合利用水平提高；环境质量持续提高；初步实现"经济—社会—生态"良性循环。存在的问题有：资源供需矛盾已经显现；产业结构与能源结构失衡；生态环境面临严峻挑战。其次，以生产函数为基础，根据循环经济的特性选择投入、产出指标，应用DEA方法测算了鄱阳湖生态经济区循环经济的效率（包括综合技术效率、纯技术效率和规模效率三大效率）。我们发现：①综合技术效率高的地方主要集中于鄱阳湖周围地区，尤其是沿湖岸线较长的南昌市、鄱阳县和九江部分沿湖地区，表明该地区经济基础相对较好，循环经济发展取得了一定的成效。②大部分县区资源配置情况较好，且持续改进。但安义县、乐平市、庐山区、永修县、都昌县、东乡县、万年县、彭泽县8个地区的纯技术效率低于平均值，说明这些地区资源配置存在较大改善空间，亟须通过自主研发、引进和消化吸收国外低碳、环保先进技术等方式提高纯技术效率。③鄱阳湖生态经济区综合技术效率有较大提升，纯技术效率、规模效率相比上一年度有所上升，但总生产要素生产率、技术的进步相比上一年度有所下降。④鄱阳湖生态经济区循环经济发展总体尚处于规模报酬不变阶段，且有相当数量的样本处于规模报酬递减阶段；同时鄱阳湖生态经济区循环经济发展存在一定程度的要素投入冗余现象，需减少相应数额的要素投入，集约使用资本、劳动、能源、水资源等各类投入要素，以提高鄱阳湖生态经济区循环经济效率水平。

（4）鄱阳湖生态经济区三次产业循环经济发展。通过对区域产业发展路径和循环经济动力及演化分析，针对鄱阳湖生态经济区三次产业循环经济的现状及存在的问题，研究了鄱阳湖生态经济区三次产业的循环经济发展。首先研究了鄱阳湖生态经济区农业循环经济发展，提出了农业循环经济的发展模式，包括立体种养模式、梯次种养模式、"种植—养殖—加工—贸易（交换）"综合开发模式；其次研究了鄱阳湖生态经济区工业循环经济发展；最后研究了鄱阳湖生态经济区服务业循环经济发展，重点分析了物流业与旅游业的循环经济发展。

（5）鄱阳湖生态经济区工业园生态化建设。我们选取了鄱阳湖生态经济区内共18个重点工业园区作为对象，采取多层次综合评价法对其生态化状况进行了评价。研究发现，生态化建设比较好的园区，首先，经济发展要得到保证，工业园区要发展，经济建设是前提保证；其次，物质减量与循环指标得分高，说明在重复利用可以利用的资源方面能力比较强；再次，园区管理到位，说明在从宏观调控角度来整体把握园区的综合情况，督促和监督园区各个方面做得比较到位，体现了园区产业方面的异质化水平比较好；最后，污染控制指标控制好，工业园区要进行生态化建设，污染控制指标是重中之重，一定要达标。我们的结论是，鄱阳湖生态经济区工业园区生态化建设需要全面协调发展，不能忽视其中任何一个方面，生态化是一个整体，只有全面发展各个方面才能使得工业园区生态化建设的进程更加迅速、更加完善。

(6) 促进鄱阳湖生态经济区循环经济发展的对策建议。我们从生态产业体系、科技创新、市场体系、组织管理体系、政策法规体系等方面提出了促进鄱阳湖生态经济区循环经济建设的对策建议。

1) 着力构建鄱阳湖生态经济区生态产业体系。以科学发展观为指导，按照国家主体功能区的划分，对鄱阳湖生态经济区产业进行合理布局。首先，根据鄱阳湖区域自然地理地貌特征，以自然资源要素和环境容量禀赋程度为依据，以现有产业为基础，构建三大亚区域产业体系；然后以鄱阳湖区域经济地理区位为依据，充分发挥区域内不同梯次城市对产业发展的带动作用，设计鄱阳湖区域生态产业体系的空间布局，分别以中心城市（地级城市）、亚中心城市（县城或县级城市）、乡镇等人口集聚区为单元，在三个层次上构造工业、服务业和农业生态产业体。其次，按照鄱阳湖生态经济区的功能分区定位和《工业园区产业导向目录》调整产业结构，提高工业行业准入门槛；重点发展环保生态、新能源、新材料等产业；鼓励低耗能、高效益、技术含量高的产业集群发展壮大；控制新上产能过剩项目，抑制与生态工业无关的产业盲目扩张，防止盲目投资和重复建设。最后，加快发展节能环保产业，要加快相关技术装备的研发、推广和产业化，带动节能环保产业发展水平全面提升。具体措施有：加快节能技术装备升级换代，推动重点领域节能增效；提升环保技术装备水平，治理突出环境问题；发展资源循环利用技术装备，提高资源产出率；创新发展模式，壮大节能环保服务业。

2) 大力推进循环经济科技创新。科技的进步是循环经济发展的主要动力，是提高鄱阳湖生态经济区循环经济质量的关键举措。循环经济发展主要涉及清洁生产技术、废弃物循环利用技术、污染治理技术等内容，要加大资源循环利用技术体系的研发和应用,加强与实践相结合的环保技术的开发,并为实际操作制订具体的、操作性强的实施方案,将环保科研成果迅速转化为现实生产力。具体措施包括:要建立健全自主创新的激励机制、联动机制和服务机制;以应用为目的、市场为导向,以科研机构和重点实验室为载体,构建产学研有机结合的技术创新体系,形成源头创新网络;加大对科技创新人才的培养力度,建立政府、企业、社会多元人才培养和投入机制;以《循环经济发展战略及近期行动计划》为契机,加快建设一批环境友好型公共基础设施及服务平台。

3) 着力完善循环经济市场体系。构建有效的鄱阳湖生态经济区循环经济政策体系,充分发挥市场机制对资源配置的基础性作用。通过相应的经济和行政手段,激励经济主体主动引入生态环保理念,推行绿色生产、资源循环利用和垃圾无害化处理。例如,实施排污许可证制度,在总量控制的条件下,充分利用市场机制的作用,允许排污许可证在排污单位之间交易;切实落实好国家节能减排差别化资源价格政策,制订超定额加价的能耗、电耗、水耗方案,充分发挥价格杠杆作用等。

4) 协力建立循环经济的组织管理机制。鄱阳湖生态经济区作为后发展地区,在推进循环经济发展中,由于产业实力整体不够强大,很难以产业自身的力量来推动生态化发展。因此,要充分发挥政府政策引导和规划管理的作用,建立和完善既符合市场规律又符合自然规律的管理机制,推进鄱阳湖生态经济区资源节约型和环境友好型社会建设。通过建立高层协调组织结构、区域协调机制、统计考核机制和创新监督管理机制等组织管理机制来促进循环经济发展。

5) 努力健全循环经济发展的政策法规体系。构建和完善政策体系是推动鄱阳湖生态经济区经济与环境协调发展的主要动力和重要保证,其实质是根据区内不同功能区域,明确不同的发展要求,配套实行更具体、更有针对性的差别化政策,激励和约束经济行为,保护发展所必需的资源和环境基础,增强调控的有效性,最终达到科学发展、绿色发展的目的。具体政策包括:建立适合鄱阳湖生态经济区建设的生态补偿政策;建立和完善有利于推进鄱阳湖生态经济区建设的财政政策体系,形成生态环保、经济发展、科技进步的政策激励;出台促进节能减排的税收政策,如生态税收政策;加快制定并完善促进循环经济发展的法律法规。

目 录

第一章 鄱阳湖生态经济区循环经济发展的意义 ·········· 1
 第一节 循环经济理论综述 ·· 1
 第二节 发展循环经济对江西实现中部崛起具有重要意义 ······ 7
 第三节 发展循环经济是鄱阳湖生态经济区的必然选择 ········ 14

第二章 国内外循环经济发展经验借鉴 ······················ 20
 第一节 国外循环经济发展经验 ······································ 20
 第二节 国内三次产业循环经济发展经验 ·························· 30
 第三节 国内外循环经济发展模式经验的启示 ···················· 38

第三章 鄱阳湖生态经济区循环经济评价 ···················· 41
 第一节 鄱阳湖生态经济区循环经济总体情况 ···················· 41
 第二节 鄱阳湖生态经济区循环经济效率评价 ···················· 45

第四章 鄱阳湖生态经济区三次产业循环经济发展分析 ······ 58
 第一节 鄱阳湖生态经济区农业循环经济发展分析 ·············· 58
 第二节 鄱阳湖生态经济区工业循环经济发展分析 ·············· 67
 第三节 鄱阳湖生态经济区服务业循环经济发展分析 ············ 85

第五章 发展循环经济的载体——生态工业园 ················ 98
 第一节 鄱阳湖生态经济区工业园生态化建设评价 ·············· 98
 第二节 基于循环经济的生态工业园构建的思路 ················ 115

第六章　鄱阳湖生态经济区循环经济发展的对策建议……………… 122
　第一节　着力构建鄱阳湖生态经济区生态产业体系……………… 122
　第二节　大力推进循环经济科技创新……………………………… 129
　第三节　着力完善循环经济市场体系……………………………… 133
　第四节　协力建立循环经济的组织管理机制……………………… 135
　第五节　努力健全循环经济发展的政策法规体系………………… 139

参考文献 ……………………………………………………………… 143

后记 …………………………………………………………………… 149

第一章 鄱阳湖生态经济区循环经济发展的意义

循环经济以资源高效利用和循环利用为核心,以"减量化、再利用、资源化"为原则。大力发展循环经济,是鄱阳湖生态经济区建设的重要内容和有效途径。当前,湖区循环经济发展取得了一定成效,但是资源消耗大、环境污染重等问题依然突出,在鄱阳湖生态经济区发展循环经济,可以保护好"一湖清水",促进生态和经济协调发展,形成节约能源、保护环境的生产方式和消费模式,是缓解资源环境矛盾的根本出路。

第一节 循环经济理论综述

一、循环经济理论的兴起

目前学术界公认早期的循环经济萌芽出现在20世纪六七十年代,即环境保护思潮兴起的时代。美国经济学家鲍尔丁(Kenneth E. Boulding)的宇宙飞船理论指出,我们的地球只是茫茫太空中一艘宇宙飞船,需要靠不断消耗自身有限的资源而生存,人口和经济的无序增长迟早会使船内有限的资源耗尽,而生产和消费过程中排出的废料将使飞船污染,毒害船内的乘客,此时飞船会坠落,社会随之崩溃。唯一使之延长寿命的方法就是实现宇宙飞船内的资源循环,将分解出的尚存营养成分的物质再利用,尽可能少地排出废物。同样的,地球虽然拥有更丰富的资源,也会因资源的全部消耗而面临毁灭。因此,必须改变原始的经济增长方式，要从"消耗型"改为"生态型"；从"开环式"转为"闭环式"，实现对资源循环利用的循环经济，地球才能得以长存①。

1968年4月，意大利的"罗马俱乐部"提出了人类经济增长的极限问题。《循环经济发展的理论基础、运行模式及障碍》、《增长的极限》第一次提出了地球的极限和人类社会发展极限的观点，对人类社会不断追求增长的发展模式提出了质疑和警告。当时正是世界经济特别是西方社会经历了第二次世界大战以来经济增长的黄金时期而达到这一轮增长的顶峰，也正处于"石油危机"的前夜。《增长的极限》一书的问世正是对人类行为的警告。然而，随之而来的更多的是各种批判和质疑，经济学家们更是对此大加鞭挞。即便是石油危机的爆发和随后西方世界经济增长的放缓，也没有被视为《增长的极限》一书的证实，经济学家们更愿意根据其主流经济学的逻辑做出解释。其实，当时作者们只是指出人类社会发展可能会达到这样一种极限状态，并且对达到极限和增长终结的时间做出了估计。如果当时人们能够对增长的极限观点予以更多的重视，也许能有效地缓解目前的资源和环境问题。

20世纪70年代，康芒纳（Commoner）《封闭的循环》一书把人类对循环经济的认识引向深入。康芒纳强调运用生态学思想来指导经济和政治事务，摒弃现代社会的线性生产过程，而主张无废物的再生循环生产方式；强调追求适度消费而不是过度消费，要求人们"以俭朴的方式达到富裕的目的"，这种富裕不是纯粹物质生活的富裕，更重要的是精神生活的高度充实。但是，在20世纪六七十年代，循环经济的思想更多的还是先行者们的一种超前理念，并未得到世人积极的响应。

世界经济的发展在20世纪70年代之后放慢了脚步。当时的世界开始出现了一些令人担忧的危险征兆，如粮食短缺、气候变暖、臭氧层被破坏等。正是这些因素的影响，1992年在巴西里约热内卢召开的第一次全球环境与发展峰会，通过了《里约宣言》和《21世纪议程》，正式提出了走可持续发展的道路。而循环经济采取的是"低开采、低消耗、低排放、高效率、高利用"，把经济活动组成一个"资源投入—产品生产和消费—再生资源"的反馈式高级物质循环型的发展模式，实现人与自然的和谐，它符合可持续发展的理念，是

---

① 刘旌. 循环经济发展研究［D］. 天津：天津大学博士学位论文，2012.

最终实现可持续发展的必由道路。

二、循环经济理论的发展

循环经济理论目前已成为我国热门研究领域之一,对其理论发展研究的论著也是层出不穷。作为一种新型的经济发展模式和经济理论范式,循环经济强调生态中心主义,体现出人类社会与自然环境之间关系的演化。循环经济是对传统的发展理念、经济模式和经济学基础的严峻挑战。因此,对循环经济的理论也是百家之言,各有特色。

从循环经济的概念看,对于循环经济的定义和内涵而言,可以说是众口不一,存在着很多争议。同时各文献对循环经济的强调重点也不完全一样。从循环经济的理论基础看,范跃进(2005)认为循环经济具有四大理论基础:哲学基础、生态学基础、经济学基础(生态政治经济学、生态计量经济学和生态经济伦理学)和制度基础。丁慧(2005)指出鲍尔丁的"宇宙飞船经济理论"、"罗马俱乐部"的《增长的极限》、生态控制论、生态市场经济理论是循环经济的理论渊源。从循环经济的发展理念看,吴季松(2005)提出了从3R到5R转变的新循环经济思想,即再思考(Rethink)、减量化(Reduce)、再使用(Reuse)、再循环(Recycle)、再修复(Repair)。他指出新循环经济体系的建立,与其与自然和谐的生产方式,将成为构建和谐社会的基础,从而真正走上可持续发展的道路。郭柳琴(2005),彭易成、张霞(2005)提出新的系统观、发展观、资源观、经济观、价值观、生产观、消费观。王文飞(2005)在效率评价和目标要求上,提出循环经济以生态效率为核心,理想目标是经济效益、环境效益和社会效益三维整合①。

三、循环经济的基本思想

(一)循环经济的概念

在我国循环经济较早由刘庆山在1994年使用,从资源再生的角度提出废弃物资的资源化,其本质是自然资源的循环经济利用②。1997年闵毅梅将德国

---

① 刘旌. 循环经济发展研究 [D]. 天津:天津大学博士学位论文,2012.
② 刘庆山. 开发利用再生资源,缓解自然短缺 [J]. 再生资源研究,1994(10).

1996年生效的法律翻译成中文时使用了循环经济①。1998年同济大学诸大建教授在《社会科学》、《科技导报》、《上海经济动向》等刊物上连续发表文章，介绍循环经济的有关内容。在由水利部水资源司司长吴季松撰写的《循环经济——全面建设小康社会的必由之路》中对循环经济的定义是：循环经济就是在人、自然资源和科学技术的大系统内，在资源投入、企业生产、产品消费及其废弃的全过程中，不断提高资源利用效率，把传统的、依赖资源净消耗线性增加的发展，转变为依靠生态型资源循环来发展的经济。国家发展改革委对循环经济的定义是：循环经济是一种以资源的高效利用和循环利用为核心，以"减量化、再利用、资源化"为原则，以"低消耗、低排放、高效率"为基本特征，符合可持续发展理念的经济增长模式，是对"大量生产、大量消费、大量废弃"的传统增长模式的根本变革。

目前学术界对循环经济的概念还未达成完全一致。根据对有关循环经济的书籍和文献的总结分类，笔者认为循环经济的概念有如下五种有代表性的阐述：

1. 从资源综合利用的角度界定

循环经济是一种以资源的高效利用和循环利用为核心，以"减量化、再利用、资源化"为原则，以"低消耗、低排放、高效率"为特征，符合可持续发展理念的经济增长模式，是对"大量生产、大量消费、大量废弃"的传统增长模式的根本变革。

2. 从环境保护的角度界定

循环经济是以物质、能量和闭路循环使用为特征的，在环境方面表现为污染的少排放，甚至污染零排放。循环经济把清洁生产、资源综合利用、生态设计和可持续性消费等融为一体，运用生态学规律来指导人类社会的经济活动，因此本质上是一种生态经济。

3. 从技术范式的角度界定

循环经济是一次范式革命，倡导的是一种与环境和谐的经济发展模式，遵循"减量化、再使用、再循环"原则，是一个"资源—产品—再生资源"的闭环反馈式循环过程，最终实现"最佳生产、最适消费、最少废弃"。

---

① 闵毅梅. 德国的《循环经济法》[J]. 环境导报, 1997 (3).

4. 从人与自然的关系角度界定

循环经济是把清洁生产和废弃物的综合利用融为一体的经济，本质上是一种生态经济，要求运用生态学规律来指导人类社会的经济活动。按照自然生态系统的物质循环和能量流动规律重构经济系统，使得经济系统和谐地纳入到自然生态系统的物质循环过程中，建立起一种新形态的经济模式①。

5. 从经济学的角度界定

循环经济就是按照自然生态系统物质循环和能量转换的规律重构经济系统，通过资源的循环利用，使资源利用效率最大化和废弃物排放最小化，将经济系统和谐地纳入自然生态系统的物质循环过程，从而实现经济与环境协调发展的经济模式。

广义的循环经济，是指围绕资源高效利用和环境友好进行的社会生产和再生产活动，包括资源节约和综合利用、废旧物资回收利用、环境保护等产业形态。狭义的循环经济是指通过废物的再利用、再循环等社会生产和再生产活动来发展的经济，相当于"垃圾经济"、"废物经济"范畴。

综上所述，循环经济仍属于经济的范畴，是一种新的经济形态和经济发展模式。对于循环经济应归纳为以下观点：循环经济是以资源的高效和循环利用、环境保护为核心，以"减量化、再利用、再循环"为原则，以"低消耗、低排放、高效率"为基本特征的社会生产革新范式，其实质是以尽可能小的资源消耗和尽可能小的环境代价实现最大的发展效益。

(二) 循环经济的特征

循环经济作为一种新型的经济发展模式，与传统经济模式有很大的区别。

1. 循环经济的物质循环性

物质循环流动是循环经济的主要特征，也是循环经济模式与传统经济模式的主要区别。传统经济的着眼点在于满足人类的物质需求，经济活动的目标往往是追求高产值、高产量，对资源的利用往往是粗放的或一次性的，生产方式主要体现为"高消耗、高排放"的粗放型增长，物质流动是单向的，从资源—产品/用品—废物。从根本上说，传统经济是大量生产、大量消费、大量废弃式的经济，从而导致许多自然资源的短缺或枯竭。循环经济是一种生态型

---

① 龚家林. 鄱阳湖生态经济区法制保障的问题及对策 [J]. 生态经济, 2012 (8).

经济，是按照自然生态系统物质循环流动方式组织生产的经济模式。在循环经济中，一切的物质、能源可以在不断进行的经济活动中得到梯次利用或最合理使用，整个经济系统不产生或只产生很少的废物、污染，生产、消费过程对环境的影响小。循环经济的物质流动方式是循环式的，从资源—产品/用品—再生资源。从根本上说，循环经济是低投入、高产出、低污染的经济，可以消除长期以来环境和发展之间的矛盾。当然，在此提到的物质循环性并不仅指经济系统的物质循环。因为生态经济学的创始人包括肯尼斯·博尔丁、尼古拉斯·乔治斯库·罗根、赫尔曼·戴利及罗伯特·埃尔斯等，通过证明表明，经济系统封闭的物质循环不仅难以实现而且也不符合自然规律。因此在此意义上的物质循环，体现了经济系统对生态系统的依赖关系，是在广义生态系统上的物质循环。

2. 循环经济的综合性

循环经济的研究对象本身就是综合的。循环是指在一定系统内的运动过程，循环经济的系统是由人、自然资源和科学技术等要素构成的大系统。循环经济观要求人在考虑生产和消费时不再置身于这一大系统之外，而是将自己作为这个大系统的一部分来研究符合客观规律的经济原则。在这个庞大的综合系统中，不仅包括环境、资源、生态系统，还包括复杂的经济系统。广义的经济系统不仅包括生产、交换、分配、消费等各个环节和许多产业部门，而且包括结构复杂的技术系统等。不仅如此，循环经济系统还不能脱离社会、政治、国家、意识形态等因素孤立地加以考察。由于循环经济涉及人、社会和自然之间的相互关系、相互作用的各个方面，因此循环经济具有很强的综合性。作为一门综合性和交叉性很强的学科，循环经济学把基础理论研究、发展战略研究和应用技术研究融为一体。在基础理论研究中，将生态经济学、环境经济学、资源经济学结合在一起，同时遵循系统论、控制论、信息论等原理；在发展战略上，它以各种类型的经济系统为基础，把环境、资源与生态结合在一起；在应用研究上，它将清洁生产、废物利用结合起来，进行更深层次的研究。

3. 循环经济的战略性

战略问题一般是指带有全局和长远性的主导问题，循环经济学所研究的经济、技术、社会和生态问题，一般来讲都具有这一特征，如人口和资源，经济发展和生态环境，技术进步与人口、资源、环境之间的关系等。在几年甚至十几年内都看不出其后果。若一旦达到质变的程度，就会对整个社会和人类产生无可挽回的影响。循环经济是在着眼于长远利益的基础上，把眼前利益和长远利益结合起来，重视研究事关长远的重大问题，重视探索一条人与自然和谐共存，当代人和子孙共享资源与环境的持续、稳定、协调发展之路。

第二节 发展循环经济对江西实现中部崛起具有重要意义

2001年江西省第十一次党代会提出了江西省在中部地区崛起的宏伟目标，和以工业化为核心、以大开放为主战略、推进城市化和信息化、建设"三个基地，一个后花园"的发展定位。2003年7月，江西又提出了"对接长珠闽，融入全球化"的方针。2005年江西省委通过了《关于制定全省国民经济与社会发展第十一个五年规划的建议》，提出"三个江西"（绿色生态江西、创新创业江西、平安和谐江西）和推进"五化"（农业农村现代化、生态工业化、新型城镇化、经济国际化、市场化）。2007年江西省第十二次党代会提出了富民兴赣、全民创业，既要金山银山，更要绿水青山的生态立省的发展战略。2008年，江西提出建设鄱阳湖生态经济区，把加快发展与科学发展更紧密地联系起来。上述战略是江西中部崛起的重要表现，而循环经济是通过资源高效利用和节约利用，实现经济与生态良性循环的发展模式，体现了人们对传统经济增长方式的反思和人类社会与资源环境友好相处的愿景。

一、发展循环经济是新时期江西发展崛起的战略选择

"低开采—高利用—低排放"的循环经济模式，兼顾了经济社会发展与资源节约、环境保护的目标，为工业化后传统经济转向可持续发展经济提供了战略性的理论范式，为正确处理可持续发展的三大支柱——经济发展、社会进步和环境保护之间的关系指明了方向。循环经济的本质是人与自然的和谐，是贯彻落实科学发展观的重要实践载体。通过发展循环经济，把加快发展与科学发展、协调发展、可持续发展更加紧密地结合起来，通过又好又快的增长，推动

江西在中部崛起。有必要大力发展循环经济，妥善处理循环经济产业链运行机制中的各种矛盾关系，积极而又稳妥地推进传统经济向循环经济的转换，促进"十二五"期间实现江西在中部崛起。

自2001年江西省明确提出"为实现江西在中部地区的崛起而奋斗"的战略目标以来，江西崛起指数在中部六省中排名由2002年的第5位上升到2004年的第4位，2005年上升到第3位，初步实现了江西在中部六省中快速"崛起"的态势。从崛起指标的时序分析来看，"江西在中部崛起"的第一步战略目标已基本实现。2000年江西绝大多数指标低于中部平均水平，截至2006年，江西进入中部前3位的指标明显增多，GDP增幅靠前，直接利用外资和农村住户人均纯收入排名第一；2002年以后，江西经济的增长速度显著快于2001年，连续5年实现12%以上增长，崛起阶段的年均增长率达到16%，比2001年增长率高出近1倍。江西经济发展落后的主要表现是总量偏小，只有经过一个快速增长的过程，实现总量的扩大，达到一定规模后，调整产业结构、提高增长质量才有意义。在2002~2005年崛起阶段中，江西经济出现了快速增长，为江西优化产业结构、提升产业发展水平创造了基础性条件。2002年实施"江西在中部崛起"战略后，出现了工业及工业增加值占GDP比重逐年提高、服务业增加值占GDP比重逐年下降的产业结构回归现象，这不是江西产业结构的退化，反而是它回到扩大经济总量、重新对工业及工业增加值进行"补课"的过程①。这表明江西经济结构正在逐步进入工业化的正常发展轨道。经过2000~2005年这一崛起阶段，可以说江西的工业化已经稳步完成初期阶段的积蓄能量阶段，正处于从初级化向中级化的过渡阶段。但从2002~2005年中部六省工业增加值占GDP比重的比较可知，江西的排名一直处于第6位。因此，江西经济要保持崛起势头，必须继续将工业发展放在重中之重的位置，继续以加快工业化为战略核心的"江西崛起"战略模式，这就使得加快发展鄱阳湖循环经济成为当务之急。

二、发展循环经济是应对气候变化、促进低碳发展的重要支撑

发展循环经济，是应对全球气候变暖和能源安全威胁的必然选择，是各国

---

① 胡振鹏．鄱阳湖生态经济区发展战略初探［J］．九江学院学报，2010（2）．

第一章 鄱阳湖生态经济区循环经济发展的意义

占领未来低碳技术和产品市场、增强国际竞争力和影响力、掌握发展主动权的战略举措。以低能耗、低污染、低排放为特征的循环经济，作为一种新型经济形态，代表着产业结构优化升级的重要方向。循环经济是技术密集型经济，特别是低碳经济主要是通过能源技术和减排技术创新、产业结构和制度创新等途径来实现的，转而引发一场系统的技术革命。发展循环经济，可以实现最小化的碳排放或低碳化，这有利于降低能源资源消耗，减少生态破坏，减轻环境污染，改变社会的消费模式，促进资源节约型和环境友好型社会建设，提升全省的生态文明水平。发展循环经济，我们还处在起步阶段，发展过程中还面临着不少困难和严峻挑战，主要是对各方面的认识还有待提高，人才和技术储备不足，政策措施还不完善，尤其是低碳经济前期投入大，短期内企业通过发展循环经济实现转型升级的难度较大。这需要我们在发展中逐步加以解决。发展循环经济，是一项长期而又紧迫的重大任务。我们要认真贯彻落实科学发展观，把发展循环经济作为结构调整、产业升级的重要途径，采取切实的有效措施，努力抢占发展的制高点。

发展循环经济是江西实现后发崛起的必然选择。江西可以充分利用自身众多的后发优势和比较优势，消除后发劣势，以鄱阳湖生态经济区建设为切入点和突破口，使循环经济实现快速发展。江西在发展循环经济的产业政策安排上应区分低碳产业发展的存量与增量的关系。在存量问题上，重在进行低碳技术的改造；在增量问题上，应主要采用开发可再生能源、清洁能源、提高能源效率，从而降低"高碳"产业的比例等政策来推动循环经济发展。政策工具的应用，在循环经济战略实施初期，应充分发挥政府机制的主导作用，避免过多的摩擦成本形成或市场失灵；从长期的角度看，江西循环经济政策体系必须跟上市场化改革的进程，政策工具设计应从主要依靠行政手段向主要依靠市场机制转变。

发展循环经济是江西后发崛起的必然选择。当前，江西仍属于我国中部不发达省份，常规能源贫乏，缺油少气，因此在工业化进程中，更多地倾向于一些高耗能行业即"高碳"产业，如钢铁、水泥等高耗能行业在经济中所占比例过高，全省有7个区市被列入"两控区"的"酸雨控制区"，高新技术产业和服务业比重过低。可以说，江西在发展循环经济中面临着发展阶段、发展方式及资源禀赋等方面的"锁定"。但是，作为欠发达省份，江西必须抓住低碳工业革命和"鄱阳湖生态经济区"建设的新契机,处理好能源、环境与经济发展的关系,加快发展低碳产业和循环经济,才有可能迎头赶上,最终实现江西的后发崛起。

三、发展循环经济是治理环境污染、减轻环境压力的有效途径

鄱阳湖,主要承纳赣江、抚河、信江、饶河、修水五大水系,而五大河流的流域近16.22万平方公里,占江西土地面积的97%。因此全省之污染几乎全部排入了鄱阳湖。2006年鄱阳湖区水体各污染物指标的年纳污量:生化需氧量（COD）为771857.6t/a、生物需氧量（BOD）为104267.3t/a、总氮（TN）为372713.6t/a、总磷为183489.8t/a。其中COD和BOD的现纳污量小于三类水质控制纳污量,TN的现纳污量介于三类水质与四类水质控制纳污量之间,TP的现纳污量大于四类水质控制纳污量。这表明鄱阳湖全年的水质为劣四类水,水体中的氮、磷等营养盐富集。截至2008年,结合各个站点水质状况研究,鄱阳湖水质下降为五类,水质进一步恶化,污染日趋严重。

鄱阳湖是季节性过水湖泊,根据环保部对鄱阳湖水环境的监测结果,鄱阳湖水环境最主要的问题是水体的富营养化,2008年《中国环境状况公报》中指出:鄱阳湖湖泊水质营养状态指数为49.4,属中营养化,主要营养物质是石油类、总磷、总氮。同时湖泊的有机物污染状况和湖区的血吸虫防疫问题对鄱阳湖的水环境状况也有很大的影响。

近年来湖区内化肥和农药的使用量呈逐年递增的趋势。农业面源污染的来源分析表明①:2008年与1998年比较,化肥施用量增加了24.56%,农药施用量增加了102.97%,农膜施用量增加了90.26%;畜禽粪尿年排放量居高不下,2008年达1486.15万吨,其中一半以上粪尿未经处理直接排入环境;在总养殖面积持平的情况下,水产品产量较1998年增加了73.07%,而且畜禽养殖与水产养殖向规模化、集约化发展迅猛,鄱阳湖的水环境呈现污染加重的趋势,截至2010年,随着农业的进一步发展,农业投入的不断增加,污染物来源还有增加的趋势。

---

① 朱卉馨.鄱阳湖生态经济区发展低碳农业的模式选择和技术支持研究［D］.南昌:江西农业大学硕士学位论文,2011.

第一章 鄱阳湖生态经济区循环经济发展的意义

在鄱阳湖生态区建设的历史过程中，湖区各县市在循环经济方面积累了丰富的经验，这些成功实践说明，只有大力发展湖区循环经济，才能促进经济发展和环境保护的双赢。

南昌市大力实施"森林城乡、花园南昌"建设，通过加强绿色招商、推行补链战略，进一步优化产业结构，完善、延伸企业之间的生态工业链，创建循环经济示范企业，推进企业清洁生产，将生态工业经济的发展理念贯穿到区域发展、园区建设和企业生产中，积极探索循环经济和生态工业园区建设的新理念、新模式，努力打造人与自然和谐共生的生态环境体系，全面实现区域经济、社会、环境的统筹协调和科学发展。

九江市坚持走工业新型化、农业生态化发展道路，大力发展循环经济，促进经济发展和环境保护良性互动，力求实现"金山银山齐收获、绿水青山入画来"的双赢格局。九江市重点做好三个方面的工作：一是大力发展低碳产业。依托现有的支柱产业基础，加快引进上下游配套项目，加大对余热发电、废物再利用项目的支持力度，抓好循环经济试点园区和中芬共青数字生态城建设；依托现有节能产业基础，抓好地源热泵空调、超高亮度LED外延芯片等节能项目建设，做大节能灯产业规模；依托丰富农副产品资源，抓好生态农业项目，提高生态农业经济效益；依托新型能源工程，加快推进长能风电设备、中辉特光伏等项目建设，促进清洁能源规模化开发，加快打造中部绿色能源基地。二是大力发展生态旅游，打造好庐山、鄱阳湖等"六张特色名片"。三是大力发展高新产业。坚持现代化、国际化、低碳化的发展模式，加快产业结构升级。以高新技术为支撑，致力发展节能、降耗、减污的高新技术产业，构建新型工业体系。位于鄱阳湖畔的都昌矶山湖、庐山区长岭和星子大岭风电已建成投运；在农业循环经济方面，九江引导农业项目向深加工和绿色产业过渡，大力发展生态农业和有机农业，近年来，九江仙客来系列菌菇、城子镇早熟梨、沼绿牌无公害蔬菜、赛城湖大闸蟹等一大批知名绿色产品应运而生，省农业龙头企业江西博莱集团利用台药、饲料研究开发，大力延长生猪产业链，采用订单模式引导农民养猪，猪的粪便又成为有机肥料，实现了循环经济，带动全县700多户农户走上"猪—沼—果"、"猪—沼—鱼"生态致富道路。目前，九江的森林覆盖率达 55%，陆地森林覆盖率达 61.12%①。

鹰潭市立足"山上办银行，工业兴畲乡"、"建设绿色铜都"做文章，大力发展循环经济：一是做好生态资源保护、山上富民文章。重点建设好 1.5 万亩毛竹丰产林、1500 亩退耕还林、1000 亩优质茶叶和 500 亩高效农业四大示范基地建设，仅毛竹一项每年为农民人均多增收 800 元。二是结合"民族文化"、"森林公园"和"天然氧吧"的自然优势发展生态旅游，开发挖掘了极具特色的民族文化游、生态休闲游、农家乐特色游。三是在招商引资中，坚持"三条红线"不能碰，即千万元以下的小项目一律不引进，严重污染环境和影响群众安全健康的项目一律不引进，不符合当地产业特点的项目一律不引进。

新余市采取了选择试点，积极推进循环经济示范工作的方针，按照新余市区域规划、工业区建设规划，推进生态工业园区的示范建设。重点抓好已经初具规模，具有一定基础的工业区，如新余经济开发区、分宜经济工业园、工业发展平台等，立足现有企业，建立余热、废渣、废水、废气资源化综合利用及相关工程项目建设，延长和完善工业生态链，向生态工业园区发展。通过建立循环经济示范工程，按照工业生态学原理，将环境保护、资源节约、循环经济和生态产业链的发展纳入区域规划，确保规划的先进性、科学性和可操作性。动员社会力量，提倡绿色消费，实事求是地告知社会新余市面临的资源形势，进行资源"市情"教育；宣传关于节约资源、发展循环经济的方针政策、法律法规；宣传节约资源和开展循环经济的先进技术、管理经验和先进单位、个人的事迹，揭露严重浪费资源的现象。通过上述工作，形成了一批循环经济的典型企业，先进技术在循环经济发展中被广泛应用，循环经济产业基础较好，清洁生产节能降耗取得明显进展。目前，十大节能减排工程累计投入资金约 20 亿元，有 30 个项目在开工建设，10 个项目已建成试投产。年综合利用废渣约 400 万吨，节约土地 200 多亩；年节约水量 8445 万吨；减少二氧化硫排放约 3000 吨；年综合节约标准煤约 80 万吨。截至 2012 年，"十大节能减排工程"建成后，将完成总投资约 70 亿元，年节约水量约 1 亿吨，年节约土地约 3000 亩，年节约能源约 200 万吨标准煤②。

---

① 万虹锦．鄱阳湖区域生态经济区划建设研究［D］．南昌：南昌大学硕士学位论文，2009．
② 胡振鹏．鄱阳湖生态经济区发展战略初探［J］．九江学院学报，2010（2）．

四、发展循环经济是缓解资源约束、增加就业机会的重要渠道

江西省径流总量居全国第七位，人均居全国第五位，但利用率不高；以2009年12月31日为标准时点汇总的全省调查数据显示，全省耕地面积为4633.7万亩，人均耕地为1.045亩，低于全国平均水平；且江西省是矿业资源大省，矿业资源种类多，但大宗用量的矿产资源不足或短缺，石油、天然气、铬铁矿、锰矿、钾盐、铝土矿短缺；煤、富铁矿、富磷矿不足，将主要依靠外购或进口解决①。

在工业上，江西省以丰富的农副产品资源和矿产资源为依托，形成了包括轻纺、食品、煤炭、电力、化工、机械等门类较为齐全的工业体系，但传统产业占主体地位，多属于层次较低的资源开发型产业，1美元产值所耗能源，江西省大约是我国平均耗能的1.2倍，是日本的19倍。同时，江西省资源综合利用产品从深度和广度方面开发利用也不够，实现废水综合利用的企业只有3家，全省废水利用率不足45%，矿产资源的总回收率不足30%。大力发展循环经济，建设生态工业园区，节约使用资源，可将经济社会活动对自然资源的消耗降至最低程度，从根本上缓解资源对经济社会发展的约束。

发展循环经济，建设生态工业园区是增加就业机会的重要渠道。江西2013年有常住人口4522.2万人，就业是头等大事，也是难事。国际经验证明，发展循环经济，建设生态工业园区可使就业减少型的社会向就业增加型的社会发展。循环经济可通过延长产业链而增加就业机会。例如，德国在2000年已有110万人从事循环产业，约占就业总人数的3.2%，循环产业成为重要的就业渠道。循环产业的特点是劳动密集、就业本地化，在服务业中较为稳定，也有相当高的技术成分，有人称为第四产业。在欧洲，循环产业已成为提供就业机会的新兴产业之一。

江西省应积极利用园区经济能够促进相关企业发展和生产要素聚集、加速城镇化进程的职能，形成和扩大农产品市场，为农业和服务业拓展空间。农业可以围绕相对集中的园区及城镇生活物质需求市场的逐步形成和扩大来调整种植业结构，服务业可以围绕园区物流市场大力发展物流业、修理业、餐饮业及

---

① 廖进球. 关于加快鄱阳湖生态经济区新型工业化发展进程的思考[J]. 鄱阳湖学刊，2010（1）．

其他相关服务业，延长产业链，提供更多的就业机会。

第三节 发展循环经济是鄱阳湖生态经济区的必然选择

建设鄱阳湖生态经济区，从提出到上升为国家发展战略，是省委、省政府和国务院站在全国乃至全球角度，高度关注世界经济格局变化，密切跟踪世界产业发展潮流，加速抢占世界经济发展制高点，加快推进区域经济协调发展的战略决策，体现出"以优势战略打造发展战略优势"的战略布局，是国家中部崛起战略的一个重要方面，必然会带来持久的发展动力，而发展循环经济是鄱阳湖生态经济区的必然选择。

一、鄱阳湖生态经济区的本质内涵

鄱阳湖生态经济区在地理位置上位于江西北部，根据国务院批复的《鄱阳湖生态经济区规划》，鄱阳湖生态经济区土地面积为5.12万平方公里，包含东湖区、西湖区、青云谱区、湾里区、青山湖区、浔阳区、庐山区、珠山区、昌江区、月湖区、临川区、渝水区、南昌县、新建县、进贤县、德安县、星子县、永修县、湖口县、都昌县、武宁县、共青城、鄱阳县、余干县、瑞昌市、九江县、彭泽县、万年县、安义县、丰城市、樟树市、高安市、东乡县、乐平市、浮梁县、贵溪市、余江县、新干县共38个县，由鄱阳湖平原水陆生态系统和鄱阳湖网络型经济地域共同组合成的自然和经济社会相互作用，形成有机联系的生态经济系统①。该区域内共有土地面积4.61万平方公里，占全省的27.62%；人口184711人，占全省的42.8%。区域内有省会城市南昌、全国重要的内河港口城市九江、华东重要交通枢纽城市鹰潭、千年瓷都景德镇和新型钢城新余等一批城镇化进程处于江西领先的城市。全省3/4的高等院校和科研

---

① 吕桦，钟业喜. 鄱阳湖生态经济区地域范围研究［J］. 江西师范大学学报（自然科学版），2010（2）.

院所集中在这一区域，鄱阳湖生态经济区以江西省30%的土地面积，承载了全省近50%的人口，创造了60%以上的经济总量，具有较好的发展基础。此外，鄱阳湖是国际重要湿地，是长江干流重要的调蓄性湖泊，在中国长江流域中发挥着巨大的调蓄洪水和保护生物多样性等特殊生态功能，是中国的"大陆之肾"，是中国十大生态功能保护区之一，是中国唯一的世界生命湖泊网成员，也是世界自然基金会划定的全球重要生态区之一，对维系区域和国家生态安全具有重要作用。

深刻理解和把握鄱阳湖生态经济区的本质内涵，是全面推进鄱阳湖生态经济区建设的前提和基础。鄱阳湖生态经济区的本质内涵为：特色是生态；核心是发展；关键是转变发展方式，在发展中保护生态，在保护生态中加快发展；目标是立足江西实际，顺应时代发展潮流，走出一条科学发展、绿色崛起之路。

(一) 特色是生态

保护和发展生态环境，就是保护和发展人类自己；忽视生态环境的保护，就等于自毁生存和发展的家园。良好的生态环境是江西最大的优势、最大的财富、最大的潜力、最大的品牌，鄱阳湖更是江西省生态环境优势的集中体现。建设鄱阳湖生态经济区，必须突出生态这个特色。

发展生态经济、建设生态文明，已成为人类文明永续发展的必然选择。生态环境的好坏是衡量区域承载能力高低的重要依据，将成为决定区域发展权利、发展空间和发展后劲的重要因素。良好的生态环境是江西发展的最大优势，江西有一流的水质，全省五条主要河流监测断面一至三类水质常年保持在80%以上[1]；有一流的空气，全省11个设区城市环境空气质量达到国家二级标准；有一流的生态，生态环境质量指数居全国第四位，全省森林覆盖率超过60.05%，居全国第二位，有一大批国家级、省级自然保护区、风景名胜区、森林公园、地质公园等，居全国前列。鄱阳湖地区以占全省30%的土地面积承载了近50%的人口，创造了60%以上的经济总量，是江西省经济密度最高、承载能力最强的地区，是最有条件、最有潜力实现重点突破、率先崛起的地区，也是最有实力、最有希望支撑中部崛起、参与全国区域竞争的地区。

---

[1] 汪玉奇. 大力推进鄱阳湖生态经济区建设 [J]. 鄱阳湖学刊, 2010 (2).

建设鄱阳湖生态经济区，绝不是单纯地保护生态，更不是守着金山受穷。核心是发展，目的是把生态优势转化为经济优势，把绿水青山变成金山银山，更好地为全省人民和子孙后代造福。在任何时候、任何情况下，都要始终坚持以经济建设为中心，坚定不移地加快发展，这是从江西实际出发贯彻落实科学发展观的首要任务，是全省人民的根本利益所在，是实现江西科学发展、进位赶超、绿色崛起的根本途径，也是建设鄱阳湖生态经济区的核心所在。

保护生态与发展经济，如鸟之两翼、车之两轮，关系紧密、缺一不可。实践证明，只讲发展、不讲保护，结果必然是吃祖宗饭、断子孙路。而只讲保护，不讲发展，只能是守着青山绿水受穷，抱着"金饭碗"讨饭，结果往往也不利于保护。《鄱阳湖生态经济区规划》涉及经济社会发展的各个领域和方面，具有十分丰富的内容。建设鄱阳湖生态经济区的基本原则是：坚持生态优先，促进绿色发展；坚持科学布局，促进协调发展；坚持改革开放，促进跨越发展；坚持以人为本，促进和谐发展。鄱阳湖生态经济区规划，绝不仅是一个生态保护规划，建设鄱阳湖生态经济区绝不是只讲保护、不讲发展。规划和建设的核心都是发展，必须把发展贯穿规划实施的全过程，并以发展实际成效检验建设鄱阳湖生态经济区的成效。

（二）关键是转变发展方式

实现经济与生态的协调发展，关键在转变发展方式；鄱阳湖生态经济区建设的成败，关键也在转变发展方式。建设鄱阳湖生态经济区，就是要坚持经济文明与生态文明的有机统一，坚持把推进环境友好型产业发展作为重中之重的任务，把发展低碳经济、绿色经济作为转变发展方式、调整产业结构的重点，积极培育新的经济增长点和竞争优势，加快抢占未来发展的制高点；要突出发展高效安全的生态农业，突出发展高效低耗的先进制造业，突出发展水平领先的高技术产业，突出发展旅游商贸等现代服务业，努力构建以生态农业、新型工业和现代服务业为支撑的环境友好型产业体系，促进产业经济生态化、生态经济产业化，使低碳与生态经济成为江西崛起的经济脊梁；要以制度建设为抓手，充分用好先行先试权，加快形成有利于结构调整、有利于转变发展方式的体制机制，积极研究绿色国民经济核算方法，探索将发展过程中的资源消耗、环境损失和生态效益纳入经济发展水平的评价体系，率先建立符合生态经济发展、适应未来趋势的体制机制和开放环境；要深入研究建立健全考核体系问题，把推进鄱阳湖生态经济区建设作为加强党的执政能力建设的重要内容，作为检验班子、考察班子的重要依据，作为培养干部、识别干部、选拔干部的重要条件，形成人人思发展、个个建功业的浓厚氛围①。

二、发展循环经济是建设鄱阳湖生态经济区的核心内容

2010年12月12日，国务院正式批复了《鄱阳湖生态经济区规划》，这是新鄱阳湖生态经济区成立以来江西省第一个列为国家战略的区域性发展规划，标志着建设鄱阳湖生态经济区已经上升为国家战略，是江西发展史上的重要里程碑。建设鄱阳湖生态经济区，是引领江西长远发展的大战略，是惠及全省、造福子孙的大工程，是转变江西发展方式、实现科学发展的重要探索。鄱阳湖生态经济，特色是生态，核心是发展，关键是转变发展方式，目标是立足江西实际，顺应时代潮流，走出一条科学发展、绿色崛起之路。

如何既加快发展、使全省人民过上现代化生活，又能切实保护好、建设好、发展好江西的青山绿水，走出一条科学发展、绿色崛起之路，是历届省委、省政府探索、思考和实践的重大问题。建设鄱阳湖生态经济区，是"山江湖"工程的延续和拓展，是生态立省、绿色发展战略的继承和提升，是历届省委、省政府长期探索奋斗的结晶，是全省干部群众半个世纪奋发努力的结果。鄱阳湖生态经济区规划的实施，标志着江西科学发展、绿色崛起的发展理念得到了更高层面的升华和飞跃，必将引领全省广大干部群众走出一条具有江西特色的科学发展、绿色崛起之路②。

早在新中国成立之初，江西省就大规模开发水利、发展农业，20世纪60年代广泛治理血吸虫病。80年代，针对山区毁林开荒、湖区盲目围垦和滥捕等短期行为造成水土流失等生态环境严重恶化的严峻形势，1983年，中共江西省委、省政府作出了实施"山江湖开发治理工程"的重大决策，积极探索"治湖必治江、治江必治山、治山必治贫"的全新生态修复和发展模式，实施"灭荒"造林、"山上再造"和"跨世纪绿色工程"三大战役，使穷山恶水换了新颜，森林覆盖率增长近1倍，水土流失面积下降近2/3，鄱阳湖湖体面积

---

① 万虹锦. 鄱阳湖区域生态经济区划建设研究 [D]. 南昌：南昌大学硕士学位论文，2009.
② 苏荣. 全力推进鄱阳湖生态经济区建设 把国家战略的宏伟目标变为美好的现实 [J]. 鄱阳湖学刊，2010（1）.

增加40%以上，直接带动500余万贫困人口脱贫。"山江湖工程"已成为全球生态恢复和扶贫攻坚的典范，世界从"山江湖"看到希望，江西从"山江湖"走向世界。在总结以往经验和深入调研、反复论证的基础上，省委、省政府不断深化和创新发展理念，提出"生态立省、绿色崛起"的发展战略，并在2008年提出了建设鄱阳湖生态经济区的战略构想。要把握"特色是生态、核心是发展"这一内涵，要牢固树立以下认识：

第一，鄱阳湖生态经济区建设是一个长期的发展过程，不可能见效于一朝一夕。鄱阳湖生态经济区建设的核心是发展。鄱阳湖生态经济区建成之日，就是江西崛起之时。因此，对这个过程我们要有长期努力、长期奋斗的思想准备。鄱阳湖生态经济区规划，是一个引领江西从实际出发，实现全面小康，基本实现现代化的规划。我们千万不能把它理解成一个短期的规划，短期的目标。

第二，鄱阳湖生态经济区建设不是一顿免费的午餐。我们要克服一种片面认识，以为鄱阳湖生态经济区上升为国家战略，国家就会给江西许多项目，许多投资，从而使江西获得一顿免费午餐。当然，作为国家战略，党中央、国务院必将赋予江西更大的发展权利，有了更大的发展空间。但是，这并不等于整个鄱阳湖生态经济区建设可以由国家投资包揽下来。必须看到，在国务院批复的鄱阳湖生态经济区规划中，有大量的项目不是由国家来投资，而是需要通过对外开放引进外资来建设，需要启动民间资本来实现，需要通过资本市场、通过投资渠道多元化来筹措。我们千万不能陷入计划经济体制条件下那种"等、靠、要"的思想状态。

第三，鄱阳湖生态经济区是一个全面发展的目标，不是单一的生态目标。在江西发展问题上，在鄱阳湖生态经济区建设过程中，我们要牢牢把握核心是发展这个要点，千万不能把鄱阳湖生态经济区建设理解成一个单一的生态目标，只讲生态，不讲发展，或者脱离发展去讲生态，否则就会失去发展的权利，减缓发展的速度，进一步拉大与全国发展的差距。

第四，鄱阳湖生态经济区是一个全局性的发展战略，不可能局限于区内发展。鄱阳湖生态经济区建设离开"山江湖"联动，是不可能取得成功的。鄱阳湖生态经济区离开全省其他区域，要取得生态与经济的平衡也是无法成功的。鄱阳湖生态经济区的范围是5.12万平方公里，但是全省每一个设区市，每一个县都应当成为鄱阳湖生态经济区建设的主体，都应当自觉承担起建设鄱阳湖生态经济区的时代任务，只有这样，才能真正实现鄱阳湖生态经济区建设的最终目标。

综上所述，发展循环经济是建设鄱阳湖生态区的核心内容。循环经济在创造企业经济效益的同时，也带来了广泛的社会效益——保护了人类赖以生存的生态环境，为人类的可持续发展奠定了坚实的基础。建设鄱阳湖生态经济区就是要充分利用江西生态优势，以生态环境保护为基础，探索一条环境、经济、社会协调发展的路径，进行经济生态化模式的有益探索。科学认识和发展环保产业市场，将有利于地区生态经济社会协调发展，能更好地提高当地产业的生态化水平。我们在滨湖开发带和高效集约发展区大力发展环境友好型工业，构建新型工业体系是鄱阳湖生态经济建设的重要内容。通过推广循环经济发展模式，推进节能减排降耗，可以着力增强自主创新能力，有利于积极承接国内外产业转移，促进项目集聚、产业集群，形成科技含量高、经济效益好、资源消耗低、环境污染少的新型工业体系。生态区规划指出，要通过大力发展循环经济，突出抓好资源综合利用，按照资源—产品—废弃物—再生资源的反馈式循环利用模式，全面改造工业制造、矿山开发等方面的流程工艺，大力推广清洁生产，着力推进废旧资源及工业废渣、废水、废气再利用，提高矿产的采选率、冶炼回收率。推进重点行业、重点企业循环经济发展，延伸产业链，提高单个企业生产全过程的资源能源循环利用程度，实现企业间副产物和废物交换、能量和废水梯级利用，实现资源利用最大化和废物排放最小化。要积极创建生态工业园区和循环经济工业园区，合理规划园区企业结构，拓展园区循环经济发展空间。因此，发展循环经济是建设鄱阳湖生态经济区的重要内容。

第二章 国内外循环经济发展经验借鉴

第一节 国外循环经济发展经验

一、以美国为代表的"利益驱动"式循环经济模式

美国是一个市场经济高度发达的国家,其循环经济主要通过能源节约和减少污染排放的方式来进行。同时其循环经济市场机制是比较完善的,并且与循环经济相关的各个群体也基本实现了"利益驱动"的良性循环[1]。

(一)立法先行,构建标准引导全社会实施循环经济的制度体系

1. 运用法律手段强化循环经济

在能源立法方面,美国经历了三个阶段:一是能源危机紧急应对阶段,为应对1973年以来的石油危机,1975年美国颁布了《能源政策和节能法案》,1978年颁布了《国家节能政策法案》和《公用电力公司管理政策法案》;二是降低电器设备耗能阶段,1987年制定了《国家设备能源保护法》,颁布了《国家家用电器节能法案》;三是制定国家能源综合战略阶段,1992年颁布了《能源政策法案》,1998年颁布了《国家能源综合战略》,2005年颁布了《国家能源政策法》和2010年6月众议院审议通过、等待参议院最后批准的《2010年美国清洁能源与安全法案》。

---

[1] 杨勇,曹睿. 美国节能减排的主要做法 [J]. 中国能源,2010 (4).

在环保立法方面,美国根据不同发展阶段的需要制定了相关环保法规,如1970年的《清洁水法》、1972年的《清洁空气法》和1976年的《固体废弃物处置法》等法律、法规。这些节能与环保法律内容翔实、可操作性强,为做好循环经济提供了可靠的法律保障。

2. 制定国家新能源战略,引导企业研发先进技术

为应对经济衰退,保证长期能源供应,奥巴马政府以新能源战略带动经济发展。第一,通过在未来10年中投资1500亿美元,帮助创造500万个就业机会,把清洁能源作为未来发展的方向;第二,在未来的10年里,通过技术创新节省比从中东和委内瑞拉现有进口总和还多的石油;第三,到2015年,推广使用100万辆插电式电动混合车,并使汽车耗油标准达到150英里/加仑;第四,到2012年,美国所需电力的10%来自于可再生能源,到2050年,25%来自于可再生能源;第五,实施碳捕捉和交易制度,到2050年,温室气体排放比2005年减少83%。将新能源技术的开发和应用作为第四次工业革命的起点。为了占据技术制高点,美国鼓励企业选择最合理的技术方案,促进技术创新。美国将在发电技术(包括地热能、太阳能、风能、水力发电)、交通运输技术(包括生物质能、燃料电池和性能先进的汽车)和能效方面的技术(包括建筑物、工业、能源管理、气候变化与政府间合作)等领域进行重点研发。美国政府2010年给予22亿美元的财政资金支持,其中可再生能源发电3.14亿美元,先进燃料和交通工具6.59亿美元,能效方面7.68亿美元。《美国清洁能源与安全法案》对清洁能源技术和能源效率技术的投资到2025年将达到1900亿美元,其中能源效率和可再生能源900亿美元,碳捕捉和封存技术600亿美元,电动汽车和其他先进技术的机动车200亿美元,基础性的科学研发200亿美元。

3. 制定最低能效标准和自愿性能效标准

一是以法律、法规形式颁布强制性的相关产品、设备的最低能效标准,确保节能目标实现。电力公司执行的是强制性可再生能源配额制政策,它要求电力公司必须向用户提供最小比例或一定数量的可再生能源电力,对那些不能满足要求的电力公司,给予相应惩罚。到目前为止,美国实行可再生能源配额制的州已经发展到20个,占美国各州总数的40%。其中,加利福尼亚州的目标是到2011年可再生能源要达到能源总消费量的20%,纽约州到2013年达到

24%等。二是鼓励厂家、用户使用自愿性能效标准。获得"能源之星"标识的节能产品可以实行由公益基金提供的资金返还。"能源之星"标识的产品主要集中在家用电器和建筑领域,目前已成为美国居民购买产品的重要参考依据之一。

(二)运用多种手段,调动社会各界参与循环经济的积极性

1. 各级政府分工明确、各司其职、权责落实,全力推进循环经济

一是职责界定清晰。美国政府最高的循环经济管理机构是联邦政府能源部和环保总署。能源部负责国家能源安全、能源开发、能源资源、研究开发重大节能技术。环保总署负责制定和实施水、空气和废物利用及其他与环境保护相关的全国性政策。在州政府和地方政府层面,都设置了能源工作委员会及其相应的循环经济工作管理部门,负责当地循环经济政策的实施及管理州政府的循环经济工作。

二是管理边界清楚。美国虽然设置了不同的管理层级,但政府的各个层级管理不越位也不错位,各司其职。以执法为例,通常是州政府先对企业进行检查,并对有关问题依据当地及联邦政府法律进行处置。环保总署的区域办公室一般情况下会尊重当地政府的意见,但如果区域办公室认为当地政府处置不当(如出于地方保护主义等考虑),区域办公室会独立执法,但执法行动会与州政府沟通后实施。

2. 发挥市场机制在循环经济的基础性作用,使排污企业有减少排放污染的内在动力

一是建立二氧化硫排污权交易制度。一方面,由于大量减少二氧化硫排放而获得剩余容许排污量的企业获得了排污权,可以用出售其排污权获得经济回报;另一方面,因不得已而必须排放超过政府所规定的容许排污量的企业,可以通过有偿购买的方式,取得其他企业剩余的二氧化硫容许排出量(排污权),即买方支出的昂贵费用实质上是外部的不经济性的代价。其目的在于有效地控制污染物排放量的同时,还能促使各经营单位积极革新技术,减少排污量。

二是建立碳排放权自愿交易制度。2003年,美国芝加哥气候交易所成立,自愿的碳排放权交易开始运作,起初只有13家企业参与,目前发展到460多家会员。其核心理念是"用市场机制来解决环境问题"。会员自愿承诺芝加哥气候

交易所要求的减排目标;通过交易平台,卖出超标减排量,获得额外利润。

3. 实行现金补贴、税收优惠等政策鼓励循环经济

一是现金补贴。在美国,联邦政府、州政府以及电力、天然气公司等公用事业组织每年均会给予大量经费补贴用于鼓励用户购买节能产品。美国联邦政府 2010 年出资 30 亿美元用来补贴购买节能型新车的消费者,购买新车的消费者每辆可以得到 4500 美元的优惠折扣;南加州天然气公司 2010 年度出资对购买家庭能效产品给予现金返还。

二是实行税收减免的节能财税政策。在 2001 年美国财政预算中,对新建的节能住宅和高效节能建筑设备实行减免税收政策,规定在 2001 年 1 月 1 日至 2005 年 12 月 31 日期间,凡在美国国家节能标准(IECC 标准)基础上再节能 50% 的新建建筑,每幢减免税收 2000 美元,对各种节能型设备,根据能效指标分别减税 10% 或 20%。

三是美国一些官方和商业贷款机构对节能型产品还提供抵押贷款服务,通过对此类产品提供优惠的低息贷款来鼓励节能产品的开发。

4. 多渠道筹集循环经济资金,实现投资主体多元化

一是政府的财政拨款。2011 年联邦政府财政预算明确规定:风能、太阳能、生物燃料及清洁燃煤技术等行业将获 150 亿美元的拨款;从 2015 年起向政府拍卖废气排放配额;拨款 190 亿美元用于研究美国工业究竟释放出多少影响环境的污染物质和对环境破坏的程度。

二是节能公益基金。系统效益收费制是节能公益基金的主要来源,是州政府支持可再生能源发展的一项有效措施。所谓系统效益收费,是根据电力系统效益(即电力收入)加收一定的费用。美国已有 14 个州实行了系统效益收费政策,每年可征集到的资金达 5 亿美元。节能公益基金由各州的公用事业委员会负责管理,各相关部门都可以申请利用该基金开展节能活动。

三是第三方融资。充分利用第三方融资开发利用新能源。2008 年 75% 的太阳能光伏商业安装来自第三方融资。这种新型的融资模式有效推动了太阳能商业进程,年太阳能光伏安装容量由 2002 年的 45MW 逐年递增至 2007 年的 205MW,使可再生能源更具吸引力。

四是企业的自觉投入。因市场定位合理和政府的带头作用及中介机构的积极参与,加之市场竞争(利益)驱动,企业一般都会加大资金投入力度,积

极主动研发或合作研发先进的循环经济技术及产品，提高市场竞争力。

五是金融（银行）长期贷款的大力支持。美国很多节能项目投资周期都很长，有的长达10~20年，金融支持力度较大。

（三）共同参与，政府、企业、第三方等合力推动循环经济

1. 政府以身作则，发挥带头作用

美国非常重视政府机构的循环经济工作，发挥了模范带头作用。美国政府每年支出的能源费用超过100亿美元。为了降低政府能源费用，并在全社会树立表率，美国在环保总署设立了联邦设施执法办公室来加强对联邦设施循环经济的执法力度。还通过政府拨款等措施来对联邦设施进行节能改造。2010年的《美国恢复与再投资法案》中就提出要对75%的联邦设施进行节能改造。作为美国能源主管部门，美国能源部已在其总部大楼安装了太阳能装置，并对总部大楼进行"能源之星"认证。

2. 企业自觉行动、自我节能，积极履行循环经济社会责任

美国企业都高度重视循环经济工作，循环经济意识都比较强。企业除了采用先进的循环经济技术和设备外，还针对所在行业的特点积极实施循环经济项目，或支持与配合政府实施相关循环经济项目。例如，南加州天然气公司作为美国最大的天然气销售公司，除自觉接受加州公共电力设施监管机构的监管之外，还积极采取各种措施来提高企业自身和客户的能源使用效率，以减少能源消耗。在自身节能方面，通过采用提高办公设施能效，使用可再生能源等措施来实现。该公司每年在政府部门的支持下都实施一些循环经济项目，2010年对独立家庭节能改造返还项目提供了510万美元资金支持。2006~2008年，南加州天然气公司用于循环经济等社会公益方面的资金总计达到了1.1亿美元。

3. 行业协会、科研机构和非政府组织等积极参与，充分发挥在能源政策和循环经济实施中的重要作用

美国拥有大量的行业协会、科研机构和非政府组织，如世界资源研究所、大湖区行业委员会、大湖区州长委员会等，这些机构拥有世界一流的科研能力和行业管理经验，经常为美国各级政府充当智囊团，成为政府和企业之间沟通的桥梁，对各州乃至联邦政府政策及可再生能源和节能发展战略的制定发挥着重要的作用。一方面，他们帮助政府制定相关的能源政策、循环经济标准和激励政策；另一方面，在能源政策和循环经济的实施过程中发挥着作用。

第二章 国内外循环经济发展经验借鉴

二、以日本为代表的区域循环经济模式

日本人口稠密而土地、矿产等资源匮乏，能源极其短缺。日本战后的经济奇迹曾付出过沉重的环境代价，如20世纪60年代的骨痛病、水俣病等公害，严重损害了人民健康和生命安全，震惊世界，而被冠上"世界公害大国之名"，这些迫使日本寻找经济发展与环境保护之路。20世纪90年代，日本提出区域循环经济理念，从经济运行机制上开创出了一种全新的反馈式的经济流程，实现了经济发展与环境保护的良性互动①。

（一）把区域循环经济作为构建21世纪日本社会发展的目标

区域循环经济是循环经济在区域层面上的发展模式，以一定范围的区域为对象，以区域内的资源环境条件和社会经济发展特点为基础，以实现区域内社会、经济、生态协调和可持续发展为目标，以协调区域内部各项功能为重点，统筹规划区域的总体发展和资源循环利用。其具有以下特点：第一，具有区域特色。区域循环经济充分利用区域优势，发展自己的特色经济，矿山资源丰富的地区充分发展采矿业，资源综合利用工业等，而人力资源丰富的地区则发展手工业。第二，产业之间互相链接。一个产业的废弃物作为另一个产业的原料，首尾相接循环使用，使得整个区域系统资源投入减量化，对环境的排弃物最小化，生产的产品重复使用率高，从而使经济效益最大化。第三，局部小循环和整个大循环。从局部看，区域内各个企业是个独立的小循环经济系统；从整体看，企业与企业联合成一个大的循环经济系统。

以此为依据，1994年12月日本内阁制定环境基本计划，首次提出实现以循环为基调的经济社会体制。1998年日本制定新千年计划，把循环经济作为构建21世纪日本社会发展的目标。环境白皮书提出"环境立国"的新战略，以昭显其与先前的"贸易立国"和"科技立国"等战略具有同等重要的地位。2000年5月召开环保国会，参众两院表决通过和修订了《推进建立循环型社会基本法》、《促进资源有效利用法》等多项法规，提出建立"环之国"，即创建循环型社会的国家目标。2004年5月28日，环境大臣小池百合子在内阁会议上提出环境革命的概念，强调应改变以牺牲环境为代价追求便利和舒适的观

---

① 唐敦挚. 日本循环经济及其启示与借鉴［J］. 世界经济与政治论坛，2004（5）.

念，改变盲目消费把大量资源变为垃圾的社会现状。

为实现以上目标，日本循环经济按照循环经济理念合理规划和调整特定区域范围内的经济和社会活动，涉及生产、流通、消费、分配各环节，覆盖第一、第二、第三产业各部门，不仅能促进区域整体上的资源节约、提高利用效率、实现社会经济生态健康有序发展，而且对于发挥区域综合竞争力具有极其重要的意义。区域循环经济在实现区域内功能互补集群发展的基础上，还可以充分发挥市场机制，在区际及更大范围内进行系统整合，强化区际联系，提升循环层次，达到空间有效利用和区域平衡发展，使资源的高效循环利用在更大范围内得以展开。

(二) 物质循环的实践

日本每年产生18万台、6万吨的家电垃圾，其中空调、电视机、洗衣机、冰箱四大件占8%。消费者在废弃大件家电时打电话给家电经销商，由其负责收回，集中送往主要由生产厂家出资设立的废弃家电处理中心，将其分拆，按资源类别进行循环利用。仅此一项日本每年可从中回收1万吨铁、铜、铝等金属及玻璃、塑料等大量有用资源。日本每年报废500万辆左右的汽车。《汽车循环法案》规定汽车厂商有义务回收和再利用废弃车辆。日本将建筑垃圾视为建筑副产品，尽可能重新利用，不从施工现场排出。政府制定了《再生骨料和再生混凝土使用规范》，在各地建立了废弃物再生加工厂，生产再生水泥和再生骨料。日本《资源重复利用促进法》规定，建筑施工过程中产生的渣土、混凝土块、沥青混凝土块、木材、金属等建筑垃圾，必须送往再资源化设施进行处理。如果说家电、汽车垃圾和建筑垃圾中的物质循环是原级型（Premiere）再循环，即把废弃物变成与原来相同的产品；那么，还有一种次级型（Secondary）再循环，即将废弃物中的物质加以提取、转化，变成另一种与原来不同的新产品。横滨市北部的一个污泥处理厂，从污泥中萃取出各种不同的物质，使之变成纸巾、布匹、红砖、肥料、隔热材料，还从污泥中获取电能，该厂80%的用电就是从污泥中获取的。

(三) 能量循环的实践

日本能源匮乏，大部分的石油、天然气、煤炭都依赖进口。全国上下十分珍惜能源，是全世界节能的典范，也是再生能源技术探索较早、新能源技术先进的国家。在再生能源利用方面，日本采取了废弃物发电和燃料制造、生物发电和生物热利用、温度差能源等多种方式。

20 世纪 70 年代日本大量采取焚烧发电，但垃圾焚烧产生的二噁英难以处理，排出后严重污染空气，造成焚烧炉附近的居民癌症发病率提高、新生儿畸形。厚生、环境等部门不得不颁布二噁英对策法，关闭了大批焚烧炉。由于城市生活垃圾中蕴藏着大量的能源，而且大部分是以生物能的形式存在的，将城市生活垃圾焚烧发电，会使得生物能源的 90% 化为灰烬和有害气体，而焚烧转化出来的电能仅是城市生活垃圾中蕴藏能量的 10%~14%。因此，日本从 70 年代以后，将焚烧发电改为生物发酵，从城市垃圾中提取沼气，再用沼气发电。有些公司正在开发从甲烷中制取氢气的技术，作为氢燃料电池的燃料。日本汽车企业已将氢燃料电池作为未来汽车的主要替代能源，丰田、本田等企业在氢燃料电池方面走在世界前列，将有大量氢燃料电池汽车在日本国内行驶。

日本政府鼓励地方发展生物能源产业。目前日本一次能源自给率仅为 20%，其中核能占 13%、生物能源仅占 1%。政府规划到 2011 年将生物能源的比例提高 10 个百分点，能源自给率能提高到 30%，生物能源将成为最有利于生态环境建设的新能源。

（四）水循环的实践

日本位于多雨地带的亚洲季风气候区，近百年的年平均降雨量为 1714 毫米，相当于世界平均降雨量 970 毫米的两倍。但因人口密度大，人均降水量仅为 530 立方米，为世界平均值 2700 立方米的 1/5，属资源性缺水国家。早在 20 世纪后期，一些缺水型城市就将城市污水厂的出水经进一步处理后回用于工业或生活杂用。其中较大的工业回用水项目有东京江东地区工业水道、名古屋工业水道、川崎市工业水道等。经过处理后的水称为"中水"，其水质属介于上水（自来水）和下水（污水）之间，又称为"再生水"或"回用水"。广泛用于农田灌溉、城市绿地灌溉、消防、冲洗汽车、冲洗各种卫生设备等诸多方面。"中水"的概念已被世界各国普遍接受，并得到广泛使用。

为了保证河水在自然循环中的净化能力，日本规定只有在河流中的水超过河流正常流量时才可取用。正常流量从航运、渔业、景观、河水的保洁、水生动植物的保护等各方面来确定。对公用水域的水质及排水水质皆实行经常性的监测，发现污染超标，都道府县可限令企事业单位恢复排放标准。

地下水是水循环的重要组成部分，日本将地下水作为后备水资源加以保护,禁止含有害物质的水渗入地下,严控垃圾填埋,确保圣泉洁水常清不染。

三、以英国为代表的"碳交易"下的低碳循环经济

英国也是一个工业高度发达、技术先进而资源匮乏的国家,在20世纪70年代,英国开始考虑环境保护与工业化和谐发展之路,经过数十年的发展,英国已成为环境保护与工业化及循环经济最成功的实践者之一,他的代表方式就是"碳交易"下的低碳循环经济。

(一)不断提高的低碳经济规模

英国低碳产业市场2008年排名世界第六,占全球份额的3.5%,其价值已达到1070亿英镑。英国低碳经济的规模已经发展到位于医疗保健行业和建筑业之间的地位。对其进行内部产业结构分析后可见,低碳产业市场价值总额的构成比为:传统环境部门为21%,可再生能源为29%,新兴低碳行业为50%。英国共有54835家企业隶属于低碳产业,其中制造业仅有17303家,占所有低碳产业活动的30.8%,与英国平均水平相比要低20%。

英国低碳产业劳动力约达88.1万人,约占其全国劳动力总人数的3%,其中一半劳动力属于新兴的低碳行业。如果环保产业劳动力年均增长率和经济年均增长率可以保持同步增长,那么到2015年环保产业可多出40万个就业岗位,同2008年相比增加45%。现在低碳产业的人均产值为121000英镑,约为英国平均水平的2.2倍(54400英镑/人)。

(二)建立产业政策引导机制

1. 产业政策

产业结构政策:由于低碳经济时代的来临改变了传统的高碳经济的产业价值链向资源型企业密集分布的模式,英国通过两方面进行了价值链的分布调整。一是通过对能源、汽车等高碳产业积极引入新技术和改造现有技术并且细分了这些产业所引出的产业链条以实现低碳化的目的。二是大力发展分布于可再生能源领域,能源的效率化与低碳化领域,主要包括碳排放权交易服务、绿色金融服务、企业碳管理咨询服务等的低碳型服务领域的低碳产业。

产业组织政策:为了提高节能环保产业的集中度以抢占国际低碳经济市场,实现企业的规模化、专业化和国际化,政府积极扩张、重组、转型一些有实力的大型企业。主要是加速转型大型设备制造业为节能环保设备制造业及一

些相关领域；加速整合扩张节能环保基础设施的运营和服务企业；加速配置节能环保和新能源业务到传统资源型企业。例如，2000 年英国石油公司为了提高竞争力，成立了替代能源部门并提出了"不仅奉献石油"的战略。

产业技术政策：通过碳基金管理模式、官产学合作的国家研发体系模式和低碳技术市场化模式并在政府投资的主导下大力提高推广低碳商用技术。2001 年英国碳信托有限公司成立，该公司帮助许多英国企业节省能源支出 10 亿多英镑，累计减排 1700 万吨。该公司通过气候变化税、收益循环投入等资金来源用于促进研究开发、加速技术商业化和投资孵化器等方面取得了很好的效果。英国为了从国家层面上统一组织协调低碳技术研发和推进低碳产业化并且为从事低碳经济的相关机构和企业提供技术和资金等方面的支持专门成立了国家级低碳经济研究机构。

2. 产业规制

在产业制度方面英国主要有四种制度：一是"领跑者"制度。要求确定家电、汽车、新建住宅及配套设备等行业内同类中能耗最低的产品为整个行业的标准，并且要求在指定时期内所有同类产品必须达到这个标准。二是能源效率承诺。要求电力公司和天然气公司要为用户提供调高能源效率的措施。三是节能标识制度。要求在产品上必须贴加按照能耗级别分类的标识，能够让消费者清楚地了解到能效等级、节能标准达标率等产品信息。四是"碳足迹"制度。要求计算出一个产品或者一项服务从生产、运输、使用到丢弃整个周期的温室气体排放值，并且标注在产品或者服务上以达到使消费者直接了解该产品或者服务的碳排放量的目的。

（三）成立碳信托公司推行碳交易政策

目前兴起一种促进低碳经济发展的碳交易市场经济模式。英国政府首先制定一个企业的温室气体排放的上限，然后将有限额度的交易许可证分发或者出售给该企业，企业可以根据此许可证在市场上公开购买碳排放额度以减少企业超出排放上限的排放量。对于没有能力完成减排目标的企业可以在市场上向能够大量减排的企业购买富余的减排量以完成目标并节约成本。这种政策实质上是通过定价、交易温室气体的排放并利用市场机制使整个社会用最便宜的费用减排。

英国政府于 2001 年成立了一家独立公司——英国碳信托有限公司。加速向低碳经济的转型是该公司的主要任务,为此该公司通过以下两方面来实现:一是培养更多的科研人员来研究新的低碳技术;二是为了实现现有的低碳排放要多跟企业和公共部门合作。从2001年至今,该公司已经帮助很多英国企业减少了至少1700万吨的碳排放量,为此带来的经济效益超过10亿英镑。

(四)发展先进低碳技术,建立低碳经济示范生态社区

为了能够有效减少温室气体的排放,贯彻低碳计划,英国政府在2011年提出的《英国低碳转换计划》中提到:到2020年将碳排放量在1990年的基础上减少34%,该文中包括多个与生产生活相关的方面,如能源、工业、交通和住房等与人类日常生活密切相关的方向。与此同时,英国相关的科研院校也投入大量的精力、财力用以进行低碳技术的研究以及新能源开发利用。

2002年英国首个完整的生态村——"零能耗"社区建立起来了。这是由英国生态区域发展集团和世界自然基金会倡导建设的贝丁顿生态社区,该生态村将通过生物质燃料电热联产为整个小区提供供暖、通过屋顶铺设光伏板对电动汽车补充电能、减少北向窗面的面积并增加南向窗面的面积、使用节能电器等技术和措施集中于一起,能够有效地减少碳的排放量。

第二节 国内三次产业循环经济发展经验

一、农业循环经济发展的典型案例探讨——以浙江平湖市为例

近年来,伴随着我国经济的快速发展,环境污染也日趋严重,已成为我国经济社会发展的一个首要问题,农业生态环境严重恶化。循环经济是一种全新的经济发展理念,发展农业循环经济就是把循环经济的基本原理应用于农业系统,找到实施农业可持续发展战略的根本途径、实现形式和技术措施。农业是国民经济的基础,农业的可持续发展是人类社会和经济可持续发展的基础,当前在我国发展农业循环经济,不仅具有相当的必要性和紧迫性,还具有现实可行性。扭转农村资源短缺、生态环境恶化的局面,突破农产品国际贸易壁垒,解决"三农"问题,贯彻和落实科学发展观乃至全面实现小康社会客观上都

第二章 国内外循环经济发展经验借鉴

要求我们改变农业发展模式,发展农业循环经济。本节试以发展基础与实践成效均较好的浙江省平湖市为例进行归纳总结,以供鄱阳湖生态经济区发展农业循环经济参考。

(一) 浙江平湖市农业循环经济发展的背景介绍

平湖市位于浙江东北部,南濒杭州湾,东北与上海市金山区交界,处于长江三角洲黄金地带,属太湖流域杭嘉湖平原。境内地势平坦,土地肥沃,农业生产有良好的多宜性和稳产高产优势,素有"金平湖"之美誉,是国家级商品猪、商品粮、商品油生产基地。每年都产生大量的猪粪尿及稻草、油菜饼等农业废弃物,对其生态环境造成很大的影响。加之其资源环境瓶颈突出,尤其是人多地少,可供开发利用的后备土地资源很少。该市为有效改善其情况,彻底解决环境污染问题,近年来进行了一系列卓有成效的探索,其根据自身市情以生态畜牧业为依托,以禽畜粪便及农业废弃物无害化、资源化处理与高效生态种植业规模化、标准化、清洁化生产相结合的县域种养结合高效生态农业典型实践模式,初步形成了种、养、加工相结合,物质、能量多层次应用和良性循环的高效生态农业产业体系,较好实现了农业生产、农村生活与生态环境的协调发展。

(二) 浙江平湖市农业循环经济的创新发展模式

1. 禽畜粪便资源化、无害化处理

平湖市主要实施以沼气为纽带的禽畜粪便无害化工程。通过粪尿干湿分离,污水经沼气池发酵后转化为沼气和沼肥,沼气作燃料、加温、发电,沼液综合利用,实现了物质和能量的多层次利用。既优化了能源结构,减少了工程建设和运营成本,又减少了农药和化肥的消耗与环境污染,并使种植、养殖业与加工业相互促进,有效改善了农村生产、生活和生态环境。针对水禽(养鸭业)养殖污染,平湖市又实行"筑塘养鸭",即对现有水禽养殖户进行棚舍旁挖塘上岸养殖治理,以着力减轻养鸭业对地表水环境的直接污染。通过在棚舍边挖池放养,并建厌氧处理池及干粪堆积发酵池,严禁将活动场地的冲洗污水和放养池内沉淀物直接排入河道,实行统一上岸养殖、清洁生产。

在此基础上,平湖市还逐步推进了农村生活污水的一体化处理。一是加快污水基础设施建设。建立以跨乡镇污水集中处理系统为基础,农村居民集聚点污水处理站为重点,分散就地处理为补充的三级处理网络。二是加快农村生活污水生化处理。对新建的农民新村落实污水集中处理设施建设,对整治村落实污水集中处理、相对集中处理或分散处理设施的建设。新仓秦沙村首次推广生活污水"三水合一"处理系统,厨房用水、卫生间用水和禽畜养殖污水合并处理后,当地生活污水得到了实质性治理。

2. 农业废弃物资源化、无害化利用

农业废弃物资源化利用,主要采用"农业废弃物无害化处置中心+肥料厂"和"农业废弃物无害化处理场+肥料厂"两种模式。按照"政府支持、业主运作"方式建设的平湖市农业废弃物处置中心,全面竣工后年可处理新鲜畜禽粪便和有机物料15万~20万吨,生产优质有机肥2万吨和有机无机复混肥2万吨,不但解决了规模养殖场畜禽粪便和规模食用菌基地产生的蘑菇废料对环境的污染问题,也为平湖市30万亩"双控增效示范基地"和"无公害农产品生产基地"提供了优质肥料,促进了高效生态农业的发展。主要配套技术有:对动物粪便进行干湿分离处理;对秸秆废料实行稻草冬季作物还田、机械化收割全量还田技术,进一步完善秸秆气化技术;对蘑菇废料采用养殖蚯蚓,或作为蔬菜等经济作物肥料等方法,实现农业内部资源循环、高效、集约利用。

3. 农业生产清洁化、农产品无害化

以全国乡村清洁工程示范县建设为契机,平湖市还大力推进化肥农药减量增效技术,积极培育新的无公害农产品基地,进一步改善农业生产环境。全市建立"双减增效"示范面积2万亩以上,辐射面积15万亩以上,同时建立13个水稻施肥试验区,开展水稻施肥技术研究。全市每个乡村清洁工程示范村及全市各无公害农产品生产示范基地,在农田均固定设置农药瓶(袋)回收设施,收集生产过程中农药、肥料等包装瓶、袋及废弃农膜,每个村确定1名田间环境保洁员,定期回收、处理废农药瓶(袋)、废农膜等,避免二次污染。然而,我国幅员辽阔,各区域资源禀赋、区位、社会、历史、经济等方面条件不同,各地都因地制宜地探索出了许多农业循环经济的发展模式,然而鄱阳湖生态经济区目前还没有真正开始农业循环经济的发展,本书认为其可以依据当地资源、区位、政策等优势,同时借鉴上述浙江平湖市发展农业循环经济的经验,确定适合自己区域情况的农业循环经济模式。

二、工业循环经济发展的典型案例探讨——江西星火工业园

江西星火工业园创建于 2000 年 6 月,是依托全国最大的有机硅生产厂家——星火有机硅厂的基础上建设起来的。园内龙头企业江西星火有机硅厂以其年产 20 万吨的生产能力,现已成为亚洲第一、世界第三的有机硅生产基地。江西星火工业园也已经发展成为以有机硅单体及其下游产品生产、研究和开发为主导产业的特色化园区①。

有机硅单体是星火有机硅厂的主要产品,是甲基三氯硅烷、二甲基二氯硅烷(二甲)、甲基氢二氯硅烷的统称,其中二甲占 80%,其余单体一般被视为副产品。此外,在有机硅单体合成和分馏过程中,还会生成一甲基三氯硅烷(一甲)、共沸物、高沸物、低沸物、浆渣等废料,一甲易燃,有剧毒,遇水会释放有害的气体;高沸物易燃、易爆,极易与水发生反应释放有害气体;浆渣也含强酸性。因工艺等方面的原因,长期以来只是对这些副产品进行简单处理后排放了事,甚至有些副产物(如市场需求较小的甲基三氯硅烷等)被直接堆积、掩埋。简单粗放的处理对环境造成很大污染,不仅给园区安全和环保带来极大隐患,而且严重影响有机硅产业的发展壮大。

(一)工业园区循环现状

星火工业园区正式建立后,为解决有机硅厂副产物和废弃物的处理问题,一方面强化治理,积极扶持星火有机硅厂升级换代,大力支持其搞好净化水、混炼胶及污水处理等配套设施建设,促进企业内部的清洁生产和资源循环利用;另一方面加强基础设施建设,通过引进有机硅产品关联企业以建设产业共生链,进行深度开发合作,变废为宝,提升副产品价值,实现废弃资源的循环利用。

目前园区内企业已达 30 余家。这些企业通过对副产品的循环利用已形成了较完善的"星火工业生态网"(见图 2-1)。园区内实现了原材料的就近供给和副产品的梯度利用,创造出可观的效益,实现了"双赢"。据调查,星火有机硅厂仅通过出售废气废物一项每年就可增加产值上千万元。在这个循环经济网络中,企业彼此间相互依存,资源得到了最佳配置,实现了废弃资源利用的经济效益和环境效益。

---

① 李琳燕. 江西星火工业园循环经济研究[D]. 南昌:南昌大学硕士学位论文, 2008.

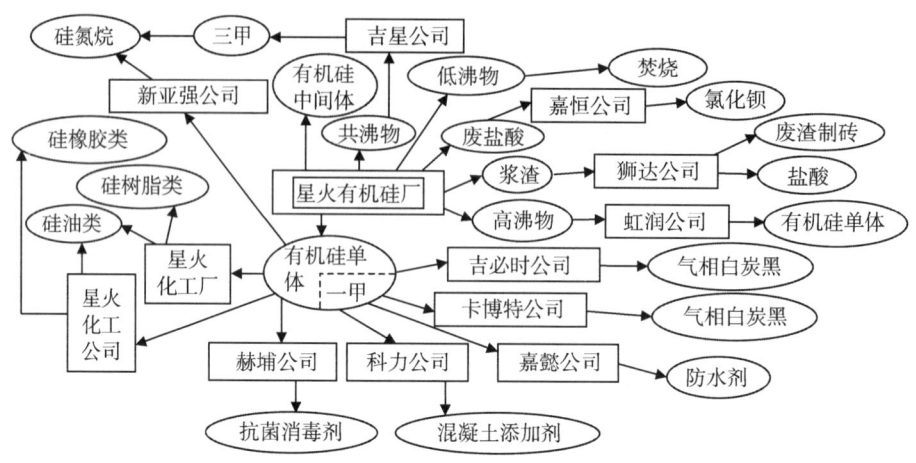

图 2-1 星火工业园循环经济网络①

注：图中方格表示园区内相关企业，企业前圆形表示废弃资源和副产品，企业后圆形表示最终产品，箭头演示了相关废弃资源的利用流程。

星火生态工业园的建设和发展得到了国家和省市有关部门的高度重视和肯定，先后被国家科技部和江西省发改委等部门认定为国家火炬计划有机硅材料产业基地、国家循环经济试点园区、江西省省级有机硅产业基地、江西省高新技术特色产业基地、江西省循环经济试点园区和江西省"山江湖"可持续发展实验区。星火生态工业园区已经成为江西工业生态化发展的一个缩影。

（二）星火工业园循环经济网络形成动因分析

星火工业园循环经济网络的形成和发展是一个"企业主导、政府推动"的过程。随着新成员的不断加入，园区内副产品产业链条逐渐增多，网络整体的经济效益和环境效益不断强化。技术进步通过核心企业的作用（主要是星火厂技术的引进和创新）进而推动了网络整体的发展。而工业园区管委会履行协调治理的功能，通过配套项目，优先引入关联企业等优惠政策保证了网络整体功能的实现。

1. 经济利益驱动企业集聚

星火工业园内有丰富的副产品资源，正是处理副产品的收益推动了企业在星火工业园区内的集聚。而利用副产品产生的经济效益又吸引着更多的企业参

---

① 资料来源：转引自江西省"山江湖"委评审规划。

与进来,加速了星火工业园区的发展。

例如,星火有机硅厂生产过程中的副产品高沸物原本需要花钱请狮达公司代为处理,处理费为500元/吨,但由于狮达公司只是回收了其中的稀盐酸,而回收过程中产生的有害气体和废渣则直接排放,处理工艺简单,给环境造成很大污染。而江西虹润化工公司入园后,采用先进的歧化裂解工艺将高沸物裂解为含一甲、二甲和含氢单体的粗单体,回收率达到60%,一年可处理高沸物5000吨,实现年产值700万元。高沸物变成了虹润的原料,价格为50元/吨。如此一来,单单一个项目的实施就给星火有机硅厂增加了高沸物550元/吨的收益,真正实现了产业链上下游企业的双赢。尝到甜头后,虹润公司进一步投资建设分馏装置,将粗单体进一步加工成一甲、二甲和含氢单体,这一举措将大大提高公司产值。副产品合作带来的双赢推进了行为主体产业链的构建。

2. 核心企业的生态决策衍化

江西星火有机硅厂是园区循环经济网络的核心企业。随着生产经营规模的进一步扩大,与日俱增的废弃物和副产品已经严重影响了有机硅厂的发展。该厂积极探索废弃物的综合利用方法,依靠技术革新和流程改造,不断研发、实践副产品综合利用的新途径。星火有机硅厂的生态化实践给企业自身带来了良好的经济效益,并具有明显的示范效应,形成业务相关企业合作和集聚的强烈需求,进而推动了循环经济网络的形成。

例如,星火有机硅厂加大科技投入,实施有机硅单体装置"20万吨扩30万吨"的技术改造项目,此举实际上促成了星火有机硅厂与卡博特公司的合作。星火有机硅厂利用一甲生产交联剂,此举良好的经济效益吸引嘉懿公司到园区投资建厂。星火厂引进国外先进技术,投资4000余万元建成稀盐酸提浓装置,回收副产物稀盐酸进行提浓回收氯化氢用于氯甲烷的生产。此举使该厂全年可回收氯化氢1.59万吨,可节约原盐消耗2.55万吨/年,不仅减少了环境污染,而且每年可节省原料成本688万元。

星火有机硅厂作为有机硅产业的龙头企业,不断推进技术创新,积极探索循环经济发展途径。2011年,星火厂12万吨有机硅下游系列产品项目成功申报国家重点产业振兴和技术改造中央预算投资项目,并获得国家财政补助资金7400万元;2.6万吨硅橡胶循环经济项目成功申报2011年第七批资源节约和环境保护项目,并获国家财政补助资860万元;能源管理中心工程成功申报

2011年工业企业能源管理中心建设示范项目,并获国家财政补助资金920万元;通过与南昌大学合作申报江西省科技支持计划项目,并获江西省财政补助资金20万元;污水处理设施项目成功申报江西省鄱阳湖生态保护工程,并获江西省财政补贴100万元。这些项目的实施提升了企业竞争力。

3. 政府的推动作用

星火有机硅厂的副产品具有较高的危险性。地方政府和园区管委会在园区循环经济建设过程中发挥了重要的作用。主要表现为:

第一,地方政府投入400万元用于启动园区环境监控中心建设,建立了24小时环境监测系统,对园内所有企业排水、排气和粉尘进行动态监测。并安装烟气脱硫设备和固体废弃物集中处理设备。

第二,为实现园区内资源的循环利用,地方政府积极引入配套企业,提升园区整体服务和竞争力。优先引进与有机硅的关联项目,并以星火有机硅厂副产物为核心,引进、创建了一大批企业,形成基于有机硅单体废弃物和副产品深加工及循环利用的企业网络。

第三,优化基础设施。工业园区管委会在园区形成过程中发挥了提供准公共品的作用。园区通过不断优化基础设施吸引相关企业投资,包括:累计投入1亿元资金用于基础设施建设,在园区建设初期就实现"水、电、路、蒸汽、排水、通信、有线电视"的整体贯通和土地"七通一平";建设110千伏变电站,架设园区高压专线;建设供水能力3万吨和1万吨自来水厂两座;建设处理能力4800吨的污水处理厂;架设企业间的高架管道,实现氮气、氢气、氯化氢和生产用蒸汽的传递和方便获取。

三、服务业循环经济发展的典型案例探讨——深圳东部华侨城

东部华侨城,坐落于中国广东省深圳市大梅沙,占地近9平方公里,由华侨城集团斥资35亿元精心打造,是国内首个集休闲度假、观光旅游、户外运动、科普教育、生态探险等主题于一体的大型综合性国家生态旅游示范区,主要包括大侠谷生态公园、茶溪谷休闲公园、云海谷体育公园、大华兴寺、主题酒店群落、天麓大宅六大板块,体现了人与自然的和谐共处。华侨城以"规划科学合理,功能配套齐全,城区环境优美,风尚高尚文明,管理规范先进"为规划,以"让都市人回归自然"为宗旨,定位于建设成为集生态旅游、娱乐休闲、郊

野度假、户外运动等多个主题于一体的综合性都市型山地主题休闲度假区。

从2004年12月30日动工建设至2007年7月28日项目一期开放,在短短938天的时间里,东部华侨城在山海间创新打造了包含生态景区、主题酒店、健康水疗、郊野球场、大型演艺等内容的一系列生态旅游精品,并已成为粤港澳地区一张流光溢彩的城市名片。2004年12月30日东部华侨城动工建设,2007年7月28日项目一期开放,截至2008年底,项目一期接待游客达300万人次,实现税收5.08亿元,各项指标均创全国旅游景区之先河。

东部华侨城在山海间巧妙规划了大侠谷、茶溪谷、云海谷三大主题区域,集生态动感、休闲度假、户外运动等多项文化旅游功能于一体,体现了人与自然的和谐共处。东部华侨城一期已于2007年7月28日隆重试业,体现中西文化交融并兼有"茶、禅、花、竹"等主要元素的茶溪谷、以奥林匹克军体运动和高尔夫为主的云海谷及茵特拉根酒店、矿泉SPA、天禅晚会、首届国际山地歌会等精彩亮相。

东部华侨城开业伊始就受到了八方游客的热烈追捧,取得了骄人的生态效益、经济效益和社会效益,能取得这些成果,追根究底,其核心价值就在于"生态环保大于天"的开发理念。最关键是深圳东部华侨城以循环经济理念,指导规划设计,发挥绿色建筑、可再生能源、绿色交通和废弃物回收利用的整体优势,建设生态旅游区,实现了旅游业从粗放发展到集约发展的转变。一是根据地貌特征和地势特点,进行旅游区开发,减少山石开挖,突出自然景观,实现人造景观与自然生态高度融合;二是充分利用可再生能源,建设水能发电、风能发电、太阳能利用、生物质能综合利用等系统,实现旅游区用能的清洁化;三是建设节能建筑和绿色交通体系,旅游区的各种设施和设备采用节能环保产品,实现旅游产业的生态化;四是建设多座污水深度处理站,再生水用于园林绿化、景观湖水补充等,实现水资源循环利用;五是构建"生活垃圾—沼气—沼渣—有机肥"循环利用链条,实现有机生活垃圾全回收,沼气、沼渣全利用;六是旅游区利用展板、影院等各种设施宣传循环经济理念使游客和经营者寓教于乐,践行于游。

这种以开发规划、建设运营、休闲游览全过程循环化、生态化的旅游企业循环经济发展模式为鄱阳湖生态经济区旅游开发企业运用循环经济理念发展生态旅游提供了全新的思路,具有借鉴意义。

循环经济研究——以鄱阳湖生态经济区为例

第三节 国内外循环经济发展模式经验的启示

通过以上分析我们知道循环经济没有固定的模式，不同的国家、地区其内容与实施途径也不同，但这并不意味着其他国家或地区的发展经验对江西没有参考意义，他们的教训不可作为借鉴。江西实施"生态立省、绿色崛起"战略以来，以鄱阳湖生态经济区建设为龙头，积极探索经济社会发展与生态环境相互协调的新路。但从总体上讲，江西循环经济尚有许多不足之处，因此，积极借鉴其他国家、地区循环经济中的经验教训，对于江西经济社会发展与生态环境相协调将起到积极的推动作用。

一、建立循环经济产业体系 实施产业生态化

循环经济产业体系是借鉴其他国家和地区经验的新探索。这种探索来源于人类在追求经济快速持续发展过程中，对线型经济理论缺陷深刻剖析后思想意识的升华，并在认识到自然界供应物质资源和消纳废弃物能力有限性基础上，对经济和社会发展前景的忧思。为此，我们通过制定保护环境、节约自然资源、开发利用废旧原料和产品等法规，与推行清洁生产、使用绿色能源、建设生态和循环经济示范园、生产绿色和有机食品等政策，改变物质在社会经济系统中的流向，将废物弃置改为再生回用形成循环。于是，环境资源作为生产要素的内涵变得丰富，其重要性日益增加，环境产业逐渐成长为一类新产业，从而与物资产业及人的产业一起形成物质循环利用的产业体系，即循环经济产业体系。

实行循环经济产业体系的关键在于产业生态化，在于政府从宏观层面做好产业生态化的管理和调控工作。例如，美国政府最高的循环经济管理机构是联邦政府能源部和环保总署。能源部负责国家能源安全、能源开发、能源资源、研究开发重大节能技术。环保总署负责制定和实施水、空气和废物利用及其他与环境保护相关的全国性政策。在州政府和地方政府层面，都设置了能源工作委员会及其相应的循环经济工作管理部门，负责当地循环经济政策的实施及管

理州政府的循环经济工作。从中观层面做好产业园区的产业生态化，像星火工业园区正式建立后，在生态产业园区建设方面通过优化产业园区管理、建设和布局，淘汰高耗能、高污染的产业部门，逐渐把园区建成科技含量高、生态污染小、资源利用率高的生态产业园。从微观层面做好企业的产业生态化。例如，日本加大科技投入，鼓励自主创新，优化产业结构，使得企业清洁生产能力不断提高，资源利用率不断上升。因此，我们在从事生产活动过程中，理性地按生态系统中生物代谢规律调整自己行为，遵从物质在环境社会系统中循环流动规律，逐步强化环境产业，实现同物资产业、人的产业协调发展，推动循环经济产业体系形成和发展。

二、强化产业发展与环境保护互动中的市场作用

美国、英国、日本等发达国家的事实证明了企业没有主动的环保意识会使环境保护变成猫抓老鼠的游戏，这些经济与环境总体水平比较高的国家，它们的政府、企业和公众参与环境保护的程度也比较高。世界各地方自然资源、经济发展水平和文化背景存在一定差异，发展中遇到的问题也不尽相同，推进产业发展战略的重点也不一样。因此，单纯依靠政府的作用推动并不能达到具体落实的效果，如何调动企业和公众的积极性，是推动产业发展和环境保护的关键。

就美国政府而言，他们规范地方政府实施产业发展和环境保护的权利和义务，推行"绿色 GDP"考核体系，即建立适合当地的产业发展和环境保护指标体系，将现行 GDP 指标扣除因环境污染、自然资源环境存量消耗和生态退化造成的损失，将产业发展和环境保护的评价指标纳入地方的当地经济核算和政府官员的政绩考核。

就市场参与而言，如何使企业和公众能够参与决策，是保证政府决策反映人民群众根本意志的基本条件，这并不是让所有的人去解决产业发展和环境保护面临的问题，而是促使人们同舟共济。因此，如何因势利导，调动企业参与是十分重要的。为此，一是将环境保护纳入产业选择体系，重视环境从企业本身抓起，是西方国家的普遍做法。二是发挥非政府组织的作用，调动公众的参与意识。

三、建立政府主导的循环经济管理体系

各国政府都主导了该国循环经济的重要举措和制度选择。例如,碳信托公司和碳交易是英国政府完成节能减排实行低碳经济的循环经济管理方式。

再如,日本 1994 年 12 月内阁制定环境基本计划,首次提出实现以循环为基调的经济社会体制。1998 年日本制定新千年计划,把循环经济作为构建 21 世纪日本社会发展的目标。2000 年 5 月召开环保国会,参众两院表决通过和修订了《推进建立循环型社会基本法》、《促进资源有效利用法》等多项法规,提出建立循环之国即创建循环型社会的国家目标。

四、建立适合鄱阳湖区的特色生态产业园

借鉴国内生态产业园区经验,我们发现生态产业园区的发展模式与区域发展特点紧密结合,不仅有效规避了同类园区间可能产生的竞争,生态产业园区的特色经营成为经济发展一个亮点;园区的形成和发展多以市场机制为导向自发形成,政府属于服务角色。生态产业园区中以双边治理结构的综合园区型生态产业园居多,一体化治理结构的企业集团型相对较少。在生态产业园区的发展过程中,离不开企业和大学科研机构起到的重大作用,为生态产业园区的规划与建设提供智力支持。

生态产业园区作为一种新型的产业组织模式解决了目前普遍面临的环境污染、资源稀缺等挑战。生态产业园使得整个企业生产结构合理和组织更为恰当,经过实践证明,生态产业园所带来的经济效益是明显的,网络化的制造业所使用的资源比依赖于新技术和外部资源的企业要减少 3~4 倍,固定资产的回报率高于企业平均数的 20%~30%。生态产业园适应于日益发展的环境产品市场,以不可抵挡的优势成为未来循环经济的最佳模式。

第三章 鄱阳湖生态经济区循环经济评价

鄱阳湖生态经济区相对于全省，综合实力较强，发展潜力巨大。2013年，该区GDP突破8000亿元，创造了全省经济总量的62.4%，比全省平均增速高0.6个百分点，多数主要经济指标增幅均超过全省平均水平。鄱阳湖生态经济区循环经济的建设是一项复杂的系统工程，需要一个标准完善全面的评价进行衡量。

第一节 鄱阳湖生态经济区循环经济总体情况

一、鄱阳湖生态经济区循环经济总体成效

根据对江西省2005~2011年反映循环经济发展的统计数据的纵向分析，江西近年来发展循环经济取得的主要成效表现在四个方面[①]。

（一）能源资源消耗明显降低

2011年鄱阳湖生态经济区万元生产总值能耗为0.982吨标准煤，同比下降4.01%，其中万元工业增加值能耗为2.30吨标准煤，同比下降6.64%，两项指标均低于全国平均水平。万元生产总值水耗427.02立方米，同比下降3.04%，化学需氧量和二氧化硫排放总量分别降至46.88万吨和62.1万吨，同比下降1.1%和2.06%，首次实现"双下降"。每公顷建设用地的GDP产出

---

① 资料来源：根据《鄱阳湖生态经济区统计年鉴2011》整理计算，现有统计最新数据截至2011年。

值由 2005 年的 44.78 万元增至 2011 年的 58.51 万元，土地产出密度提升，土地利用的集约化程度提高。

（二）资源综合利用水平提高

2011 年鄱阳湖生态经济区城市污水处理率、节水灌溉面积比率、工业用水量重复利用率、工业固体废物综合利用率分别比 2005 年提高 4.4 个、1.21 个、13.22 个、9.26 个百分点。继 2005 年江铜集团公司被列为国家循环经济试点单位之后，2011 年萍乡市、永修云山开发区和华春企业集团被列入全国第二批循环经济试点城市、园区和企业。2011 年鄱阳湖生态经济区认定的资源综合利用企业达 299 家，实现销售收入 92 亿元；物资回收经营企业达 170 家，回收生产性废旧金属 186 万吨，实现销售收入 63 亿元，形成了一批年销售收入过亿元的综合回收利用基地。

（三）环境质量持续提高

近年来，在经济持续保持两位数增长的情况下，江西省环境质量不断改善。2011 年鄱阳湖生态经济区污水处理厂集中处理率、城市生活垃圾无害化处理率、工业废水排放达标率、二氧化硫排放达标率、工业烟尘排放达标率和农村无害化卫生厕所普及率分别比 2005 年提高 13.41 个、21.64 个、1.76 个、11.32 个、3.32 个、12.46 个百分点。8 条主要河流一、三类水质断面比例稳定在 75% 以上，11 个设区市城市环境空气质量全部达到二级，鄱阳湖生态经济区城镇地表水集中式饮用水质达标率 100%。

（四）初步实现"经济—社会—生态"良性循环

2011 年鄱阳湖生态经济区人均 GDP、高新技术产业增加值占工业增加值比重比 2005 年分别提高 33.82 个和 7.08 个百分点。对照《江西省国民经济和社会发展第十一个五年规划纲要》中提出的 8 大指标和 31 个分项指标，其中 31 个分项指标中，有 5 个指标已提前完成 5 年规划目标，15 个指标达到或超过年度规划进度，反映出鄱阳湖生态经济区已初步实现"经济—社会—生态"良性循环。

二、鄱阳湖生态经济区循环经济面临的总体问题

鄱阳湖生态经济区循环经济的发展从纵向比，取得了显著的进步，但从横向比，则又存在较大差距，如表 3-1 所示。

表3-1 2011年鄱阳湖生态经济区循环经济发展的横向比较

	指标	单位	全国	江西	湖北	湖南	山东	江苏	浙江	辽宁
减量化	单位GDP能耗	吨标准煤/万元	1.16	1.02 (3)	1.46 (6)	1.35 (5)	1.23 (4)	0.89 (2)	0.86 (1)	1.77 (7)
	单位GDP水耗	立方米/万元	273.44	440.42 (7)	341.37 (5)	432.96 (6)	102.28 (1)	252.44 (4)	132.32 (2)	152.63 (3)
	土地产出密度	万元/公顷	65.15	50.38 (7)	55.02 (5)	55.57 (5)	89.67 (3)	115.81 (2)	161.46 (1)	67.04 (4)
	二氧化硫排放量	万吨	2234.83	57.56	65.48	76.64	168.77	124.15	82.95	103.73
	COD排放量	万吨	541.52	11.66	17.57	29.29	33.67	29.24	28.74	26.17
资源化	城市污水处理率	%	55.67	34.93 (7)	54.52 (4)	42.72 (6)	69.18 (2)	81.82 (1)	61.53 (3)	48.75 (5)
	节水灌溉面积比率	%	17.25	7.51 (5)	6.13 (7)	6.88 (6)	25.77 (3)	28.86 (2)	42.58 (1)	9.65 (4)
	工业用水量重复利用率	%	30.63	64.17 (6)	70.19 (3)	64.47 (5)	94.61 (1)	65.80 (4)	48.36 (7)	70.45 (2)
	工业固体废物综合利用率	%	60.26	35.67 (7)	72.32 (5)	73.04 (4)	93.07 (2)	94.16 (1)	91.86 (3)	38.08 (6)
无害化	污水处理厂集中处理率	%	43.06	19.28 (6)	25.35 (5)	16.96 (7)	59.03 (2)	60.06 (1)	50.39 (3)	41.29 (4)
	城市生活垃圾无害处理率	%	52.27	50.69 (5)	34.8 (7)	46.36 (6)	70.13 (3)	83.84 (2)	86.36 (1)	54.17 (4)
	工业废水排放达标率	%	90.75	93.24 (3)	90.99 (6)	91.60 (5)	98.04 (1)	97.65 (2)	86.38 (7)	92.91 (4)
	二氧化硫排放达标率	%	81.81	82.28 (7)	91.74 (3)	85.12 (6)	90.40 (4)	98.31 (1)	94.69 (2)	88.72 (5)
	工业烟尘排放达标率	%	69.07	85.65 (3)	74.27 (4)	72.51 (5)	69.52 (6)	91.63 (1)	87.86 (2)	58.96 (7)
	农标无害化卫生厕所普及率	%	32.31	33.34 (3)	34.14 (2)	26.68 (6)	32.87 (4)	31.64 (5)	60.51 (1)	11.27 (7)

续表

	指标	单位	全国	江西	湖北	湖南	山东	江苏	浙江	辽宁
经济社会发展	人均GDP	元/人	16084.00	10798.00 (7)	13296.00 (5)	11950.00 (6)	23794.00 (3)	28814.00 (2)	31874.00 (1)	21788.00 (4)
	服务业占GDP比重	%	39.34	33.00 (6)	40.57 (2)	40.75 (1)	32.55 (7)	36.26 (5)	40.07 (3)	38.32 (4)
	高新增加占工业增加值比重	%	11.04	19.84 (6)	29.69 (1)	22.47 (4)	24.15 (3)	21.12 (5)	7.63 (7)	27.24 (2)
	环境污染治理投资占GDP比重	%	1.22	0.80 (6)	0.89 (4)	0.71 (7)	1.17 (3)	1.31 (2)	0.89 (5)	1.58 (1)
	森林覆盖率	%	18.21	55.86 (1)	26.77 (5)	40.63 (3)	13.44 (6)	7.51 (7)	54.49 (2)	32.97 (4)

注：七省排序情况见括号内数字，数据来源于《江西统计年鉴》计算结果。

除去工业二氧化硫排放量、COD排放量两个不易直接比较的指标外，其余18个指标有10个未达到全国平均水平，与湖北、湖南、山东、江苏、浙江、辽宁等兄弟省份相比，鄱阳湖生态经济区的单位GDP水耗等6个指标居于末位，工业用水量重复利用率等5个指标为倒数第二位，总体表现出较大的差距，而非人们常挂在嘴边的"江西经济发展落后，但生态环境先进"的直观的印象。具体表现在如下三个方面。

（一）资源供需矛盾已经显现

江西煤炭探明储量17.5亿吨，仅占全国总量0.14%，大宗矿产探明储量偏少，近年经济的快速发展使江西省重要资源（如铁矿石、铜矿石、煤炭、油品等）对外依存度迅速提高，供需矛盾十分紧张。

（二）产业结构与能源结构失衡

2013年鄱阳湖生态经济区三次产业结构由14.4∶51.2∶34.5调整为6.7∶57.8∶35.5，第二产业增加值上升了6.6个百分点，第三产业增加值只上升了1个百分点，服务业比重的下降，增加了鄱阳湖生态经济区节能减排的难度。鄱阳湖生态经济区工业内部主导行业以高耗能行业为主且集中度高，2011年39个工业大类行业增加值处前7位的均为高耗能行业，且这种"重重"、"高高"的状况还在蔓延。从能源消费结构来看,2011年鄱阳湖生态经济区煤炭消费总量在一次能源消费结构中占75.9%,比2005年高3.5个百分点,比全国平均水平高6个百分点。从某种意义上说,大量使用煤炭是要以牺牲环境为代价的。据有关部门测算,每消耗100吨标准煤,将排放烟尘3.5吨、二氧化硫3吨、废渣15吨。目前排放在大气中的二氧化硫、烟尘总量中,分别约有90%和70%来自燃煤。

(三) 生态环境面临严峻挑战

由于高消耗、高排放、高污染、低产出的产业结构和粗放型增长方式尚未得到根本转变,鄱阳湖生态经济区生态环境面临严峻挑战。据省地质调查研究院的调查,在饶河、乐安河及鄱阳湖南部的表层土壤中,铜、镉、砷等重金属严重超标。乐安河流域的乐平市接渡镇一些村庄的农田和地下水受重金属污染,上万亩良田歉收、绝收;因重金属超标,贵溪冶炼厂附近一些村庄的农民血液中镉超标。据2008年8月《江西省环境质量月报》中显示,鄱阳湖生态经济区主要河流三类和好于三类水的断面占76.9%,受到污染的断面占23.1%。鄱阳湖每年承纳各种污水约27亿吨,环湖12个县区直接排入鄱阳湖的工业和生活污水约2亿吨,湖区及滨湖地带的珍珠养殖、网箱养鱼、大型养猪场的直接污染,加之湿地干涸等因素,使鄱阳湖水质量呈下降趋势。有关监测资料显示,2002年鄱阳湖水质三类和好于三类水的比例占99.7%,2006年下降到82.1%,2011年为83.7%。鄱阳湖生态功能减弱,对鄱阳湖生物多样性造成严重威胁,保护鄱阳湖"一湖清水"已刻不容缓。

第二节 鄱阳湖生态经济区循环经济效率评价

一、鄱阳湖生态经济区循环经济效率评价模型

循环经济把产业活动对自然资源的消耗和对环境的影响置于生态系统物质能量的总交换过程中,以实现产业经济与生态系统的良性循环和可持续发展。可以看出,循环经济是一种发展模式,也是一种技术范式,其中存在产业生态

化运行效率、资源的配置效率及技术效率的问题。这些效率如何,直接影响循环经济的发展与进程。本书所研究的循环经济效率是指,在原有对产业投入、产出效率分析中,用低的经济投入获得比较高的产出,这个高的产出要考虑对环境的影响,是不增加环境、生态资源负担的情况。

本书以鄱阳湖生态经济区为分析范围进行循环经济效率的测算,主要以生产函数 $Y=F(K, L)$ 为基础,并结合循环经济的特性,作为选择投入、产出指标的主要依据。目前,国内外应用 DEA 方法测算相对效率的文献主要集中于 CCR-DEA 模型或 BCC-DEA 模型,这两种模型所依赖的基本假设均是以尽可能少的投入生产尽可能多的产出。然而,除了产生合意性产出(Desirable Outputs)之外,现实生产和社会活动过程中往往亦会产生空气污染物和危险废弃物等诸多非合意性产出(Undesirable Outputs)。在非合意性产出存在的情况下,生产效率评价的基本假设理应修正为以尽可能少的投入生产尽可能多的合意性产出和尽可能少的非合意性产出(Cooper et al.,2007)。基于此,产出指标包括合意性产出和非合意性产出,投入指标则包括劳动投入、能源投入和资本投入、水资源投入,进而设计了循环经济效率评价指标体系(见表3-2),力求使其能对鄱阳湖生态经济区循环经济效率既能进行全面评价,又能与国内外已有的评价方法有可比性。

表 3-2 鄱阳湖生态经济区循环经济效率评价指标设置及说明

类别	指标名称	单位	指标说明
投入	固定资产投资	亿元	反映产业的资本投入
	社会就业人数	万人	反映产业的劳动投入
	综合能源消费量	万吨标准煤	反映产业的能源投入
	用水总量	亿立方米	反映产业的水资源投入
合意性产出	农业增加值	亿元	反映农业的产出水平
	工业增加值	亿元	反映工业的产出水平
	服务业增加值	亿元	反映服务业的产出水平
	工业固体废物综合利用率	%	反映工业废物综合利用的产出水平
非合意性产出	废水排放总量	万吨标准煤	反映产业废水的排放状况
	二氧化硫排放量	吨	反映二氧化硫的排放状况
	烟尘排放量	吨	反映烟尘的排放状况

我们主要采取 BCC 模型，而 BCC 模型的效率分析可获取综合技术效率值（CRSTE）、纯技术效率值（VRSTE）和规模效率值（SE）三方面的信息。

二、鄱阳湖生态经济区循环经济效率数据采集

我们将分析 2010 年与 2011 年鄱阳湖生态经济区 37 个县（市、区）的投入、产出数据①，此外，由于共青城市 2010 年 9 月被国务院正式批准为县级市，行政区域调整导致部分数据暂缺，因此未纳入研究范围。分别对经过 DEA 的软件 Deap 2.1 运行计算所得到的综合技术效率值、纯技术效率值和规模效率值的结果进行整理，可以获得各个效率值的情况，如表 3-3 所示。

表 3-3 鄱阳湖生态经济区循环经济效率

地区	2011 年			2010 年		
	综合技术效率	纯技术效率	规模效率	综合技术效率	纯技术效率	规模效率
东湖区	1.000	1.000	1.000	1.000	1.000	1.000
西湖区	1.000	1.000	1.000	1.000	1.000	1.000
青云谱区	1.000	1.000	1.000	1.000	1.000	1.000
湾里区	1.000	1.000	1.000	1.000	1.000	1.000
青山湖区	0.940	1.000	0.940	1.000	1.000	1.000
南昌县	1.000	1.000	1.000	1.000	1.000	1.000
新建县	1.000	1.000	1.000	1.000	1.000	1.000
安义县	0.917	0.921	0.995	0.837	0.840	0.996
进贤县	1.000	1.000	1.000	1.000	1.000	1.000
昌江区	1.000	1.000	1.000	1.000	1.000	1.000
珠山区	1.000	1.000	1.000	1.000	1.000	1.000
浮梁县	1.000	1.000	1.000	0.746	0.830	0.899
乐平市	0.767	0.809	0.948	0.547	0.797	0.686
庐山区	0.905	0.925	0.978	0.715	0.716	0.999
浔阳区	1.000	1.000	1.000	1.000	1.000	1.000
九江县	1.000	1.000	1.000	0.751	0.804	0.934
武宁县	1.000	1.000	1.000	0.779	1.000	0.779

① 资料来源：根据《鄱阳湖生态经济区统计年鉴 2011》整理计算，现有统计最新数据截至 2011 年。

续表

地区	2011年			2010年		
	综合技术效率	纯技术效率	规模效率	综合技术效率	纯技术效率	规模效率
永修县	0.841	0.846	0.993	0.739	0.777	0.951
德安县	1.000	1.000	1.000	0.670	0.700	0.957
星子县	1.000	1.000	1.000	1.000	1.000	1.000
都昌县	0.879	0.881	0.998	0.887	0.907	0.978
湖口县	0.862	1.000	0.862	0.607	0.788	0.770
彭泽县	0.867	0.876	0.990	0.587	0.654	0.897
瑞昌市	0.951	0.967	0.983	0.601	0.635	0.947
渝水区	1.000	1.000	1.000	1.000	1.000	1.000
月湖区	1.000	1.000	1.000	1.000	1.000	1.000
余江县	1.000	1.000	1.000	1.000	1.000	1.000
贵溪市	0.966	1.000	0.966	0.758	0.759	0.999
新干县	0.939	0.970	0.968	0.757	0.793	0.955
丰城市	0.747	1.000	0.747	0.727	1.000	0.727
樟树市	1.000	1.000	1.000	0.806	1.000	0.806
高安市	0.727	1.000	0.727	0.700	1.000	0.700
临川区	0.779	1.000	0.779	0.582	0.680	0.856
东乡县	0.718	0.719	0.998	0.488	0.502	0.972
余干县	0.823	1.000	0.823	0.804	1.000	0.804
鄱阳县	1.000	1.000	1.000	1.000	1.000	1.000
万年县	0.765	0.813	0.941	0.712	0.979	0.727
平均值	0.929	0.966	0.963	0.832	0.896	0.928

从表3-3可以看出，2010年和2011年鄱阳湖生态经济区循环经济效率值分别达到0.832、0.929。综合技术效率高的地方主要集中于鄱阳湖周围地区，尤其是沿湖岸线较长的南昌市、鄱阳县和九江部分沿湖地区，表明该地区经济基础相对较好，循环经济发展取得了一定的成效。一方面，这些地区交通条件具备优势。南昌作为省会城市，水陆空航运发达；九江拥有152公里长江干线，是江西唯一通江达海的外贸港口城市。另一方面，沿湖地区工业经济发展相对较早，在资源、市场、技术、人才等各方面比偏远地区更具优势，生态理念的形成阻力也较小。而且从综合技术效率来看，这些地区在发展经济的同

时，循环经济水平也得到了有效提高，并未出现因发展工业而出现恶劣的生态环境破坏现象。从2010年和2011年各地区综合技术效率的分布来看，鄱阳湖生态经济区经过两年的建设，辐射作用已开始慢慢显现，综合技术效率大于1的新增了6个县（市、区），部分地区都有不同程度的提高。但是受政策效应滞后性、经济基础等条件的约束，2011年仍有高安市、丰城市、临川区、东乡县、万年县、乐平市6个地区的综合技术效率低于0.8。

三、鄱阳湖生态经济区各区域循环经济效率分析

在对样本的整体效率进行分析之后，下面对37个样本在2010年和2011年的效率情况逐一进行分析。首先对鄱阳湖生态经济区各县（市、区）的纯技术效率与平均值作比较，进行归纳分类（见表3-4）。

表3-4　鄱阳湖生态经济区各区域纯技术效率情况

效率情况	2010年	2011年
纯技术效率＝1	东湖区、西湖区、青云谱区、湾里区、青山湖区、南昌县、新建县、进贤县、昌江区、珠山区、浔阳区、武宁县、星子县、渝水区、月湖区、余江县、丰城市、樟树市、高安市、余干县、鄱阳县	东湖区、西湖区、青云谱区、湾里区、青山湖区、南昌县、新建县、进贤县、昌江区、珠山区、浮梁县、浔阳区、九江县、武宁县、德安县、星子县、湖口县、渝水区、月湖区、余江县、贵溪市、丰城市、樟树市、高安市、临川区、余干县、鄱阳县
纯技术效率≥平均值地区	都昌县、万年县	瑞昌市、新干县
纯技术效率＜平均值地区	安义县、浮梁县、乐平市、庐山区、九江县、永修县、德安县、湖口县、彭泽县、瑞昌市、贵溪市、新干县、临川区、东乡县	安义县、乐平市、庐山区、永修县、都昌县、彭泽县、东乡县、万年县

将2010年各地区的纯技术效率值与平均值进行比较，可以得出：东湖区、西湖区、青云谱区、湾里区、青山湖区、南昌县、新建县、进贤县、昌江区、

珠山区、浔阳区、武宁县、星子县、渝水区、月湖区、余江县、丰城市、樟树市、高安市、余干县、鄱阳县21个地区产业纯技术效率值为1，处于生产前沿面上；都昌县、万年县的纯技术效率高于平均值（0.896），资源配置情况较好，但尚存在改善的空间；而其他部分区域（包括14个：安义县、浮梁县、乐平市、庐山区、九江县、永修县、德安县、湖口县、彭泽县、瑞昌市、贵溪市、新干县、临川区、东乡县）等地的纯技术效率低于平均值，说明资源配置存在较大改善空间，需要通过自主研发、引进和消化吸收国外低碳、环保先进技术等方式提高纯技术效率。

将2011年各地区的纯技术效率值与平均值进行比较，可以得出：东湖区、西湖区、青云谱区、湾里区、青山湖区、南昌县、新建县、进贤县、昌江区、珠山区、浮梁县、浔阳区、九江县、武宁县、德安县、星子县、湖口县、渝水区、月湖区、余江县、贵溪市、丰城市、樟树市、高安市、临川区、余干县、鄱阳县27个地区产业纯技术效率值为1，处于生产前沿面上；瑞昌市、新干县的纯技术效率高于平均值（0.966），资源配置情况较好，但尚存改善的空间；而安义县、乐平市、庐山区、永修县、都昌县、彭泽县、东乡县、万年县8个地区的纯技术效率低于平均值，说明资源配置存在较大改善空间，亟须通过自主研发、引进和消化吸收国外低碳、环保先进技术等方式提高纯技术效率。

对照2010年数据，可以发现规模效率最优的地区有：东湖区、西湖区、青云谱区、湾里区、青山湖区、南昌县、新建县、进贤县、昌江区、珠山区、浔阳区、星子县、渝水区、月湖区、余江县、鄱阳县，其他大部分地区处于规模效率递增阶段。根据2011年的相关分析，可知规模效率最优的地区有：东湖区、西湖区、青云谱区、湾里区、南昌县、新建县、进贤县、昌江区、珠山区、浮梁县、浔阳区、九江县、武宁县、德安县、星子县、渝水区、月湖区、余江县、樟树市、鄱阳县，其他大部分地区处于规模效率递增阶段，如表3-5所示。

表 3-5 鄱阳湖生态经济区各区域规模效率情况

效率情况	2010 年	2011 年
规模效率=1	东湖区、西湖区、青云谱区、湾里区、青山湖区、南昌县、新建县、进贤县、昌江区、珠山区、浔阳区、星子县、渝水区、月湖区、余江县、鄱阳县	东湖区、西湖区、青云谱区、湾里区、南昌县、新建县、进贤县、昌江区、珠山区、浮梁县、浔阳区、九江县、武宁县、德安县、星子县、渝水区、月湖区、余江县、樟树市、鄱阳县
规模效率≥平均值地区	安义县、庐山区、九江县、永修县、德安县、都昌县、瑞昌市、贵溪市、新干县、东乡县	安义县、庐山区、永修县、都昌县、彭泽县、瑞昌市、贵溪市、新干县、东乡县
规模效率<平均值地区	浮梁县、乐平市、武宁县、湖口县、彭泽县、丰城市、樟树市、高安市、临川区、余干县、万年县	青山湖区、乐平市、湖口县、丰城市、高安市、临川区、余干县、万年县

四、鄱阳湖生态经济区循环经济的效率问题

2010~2011 年鄱阳湖生态经济区产业生态化效率变化如表 3-6 所示。其中总生产要素生产率变化指数=综合技术效率变化指数×技术进步指数，数值大于 1 的表明对应的效率 2011 年比 2010 年提高了，数值小于 1 的表明对应的效率 2011 年比 2010 年下降了。

表 3-6 鄱阳湖生态经济区产业生态化效率变化

鄱阳湖生态经济区	综合技术效率变化指数	技术进步指数	纯技术效率变化指数	规模效率变化指数	总生产要素生产率变化指数
东湖区	1.000	0.356	1.000	1.000	0.356
西湖区	1.000	0.482	1.000	1.000	0.482
青云谱区	1.000	0.622	1.000	1.000	0.622
湾里区	1.000	0.492	1.000	1.000	0.492
青山湖区	0.940	0.671	1.000	0.940	0.631
南昌县	1.000	1.040	1.000	1.000	1.040
新建县	1.000	0.970	1.000	1.000	0.970

续表

鄱阳湖生态经济区	综合技术效率变化指数	技术进步指数	纯技术效率变化指数	规模效率变化指数	总生产要素生产率变化指数
安义县	1.096	0.950	1.097	0.999	1.041
进贤县	1.000	0.799	1.000	1.000	0.799
昌江区	1.000	0.972	1.000	1.000	0.972
珠山区	1.000	1.093	1.000	1.000	1.093
浮梁县	1.341	0.780	1.205	1.113	1.046
乐平市	1.402	0.811	1.014	1.382	1.137
庐山区	1.266	0.820	1.292	0.980	1.037
浔阳区	1.000	1.151	1.000	1.000	1.151
九江县	1.332	0.649	1.244	1.071	0.865
武宁县	1.283	0.746	1.000	1.283	0.957
永修县	1.138	0.840	1.090	1.044	0.956
德安县	1.492	0.776	1.428	1.045	1.158
星子县	1.000	0.433	1.000	1.000	0.433
都昌县	0.991	0.848	0.972	1.020	0.841
湖口县	1.419	0.761	1.268	1.119	1.080
彭泽县	1.478	0.796	1.340	1.103	1.176
瑞昌市	1.581	0.774	1.523	1.038	1.223
渝水区	1.000	1.120	1.000	1.000	1.120
月湖区	1.000	1.037	1.000	1.000	1.037
余江县	1.000	0.953	1.000	1.000	0.953
贵溪市	1.274	0.961	1.318	0.966	1.225
新干县	1.240	0.920	1.224	1.014	1.142
丰城市	1.027	1.075	1.000	1.027	1.104
樟树市	1.240	0.923	1.000	1.240	1.145
高安市	1.039	1.006	1.000	1.039	1.044
临川区	1.337	0.869	1.471	0.909	1.162
东乡县	1.469	0.888	1.431	1.027	1.304
余干县	1.023	0.837	1.000	1.023	0.856
鄱阳县	1.000	0.980	1.000	1.000	0.980
万年县	1.074	0.739	0.830	1.294	0.794
平均值	1.134	0.811	1.089	1.041	0.919

鄱阳湖生态经济区产业生态化效率变化从平均变化值来看，2010~2011年鄱阳湖生态经济区综合技术效率有较大提升，纯技术效率、规模效率相比上一年度有所上升，但总生产要素生产率变化相比上一年度有所下降。在37个样本中，仅有2个县（区）综合技术效率有所下降（分别为青山湖区和都昌县），其余均有所上升。而技术进步指数显示只有7个县（市、区）处于上升趋势，说明鄱阳湖生态经济区大部分县市区的技术进步情况有所下降。同样，纯技术效率指数显示除了万年县和都昌县以外，其余地区的纯技术效率保持不变或有所提高。规模效率的变化指数显示只有5个县（市、区）处于下降水平。总生产要素生产率变化指数显示处于上升和下降状态的分别有20个和17个。

（一）规模报酬递减问题

规模报酬（Return to Scale）分析的是企业在长期内的生产规模变化与所引起的产量变化之间的关系。企业的规模报酬有三种情况：第一，规模报酬递增（IRS），是指产出的按比例增长大于投入的按比例增长；第二，规模报酬不变（CRS），是指产出的按比例增长等于投入的按比例增长；第三，规模报酬递减（DRS），是指产出的按比例增长小于投入的按比例增长。

从表3-7我们可以看出，2010年，在37个区域中，处于规模报酬不变、规模报酬递减、规模报酬递增阶段的开发区分别为17个、16个、4个，所占比重分别为45.95%、43.24%、10.81%；2011年，在37个区域中，处于规模报酬不变、规模报酬递减、规模报酬递增阶段的开发区分别为20个、11个、6个，所占比重分别为54.05%、29.73%、16.22%。因此，鄱阳湖生态经济区循环经济发展总体尚处于规模报酬不变阶段且有相当数量的区域处于规模报酬递减阶段。对于规模报酬递减的区域而言，面临的较为严重的问题是规模过大而造成规模报酬递减，这些区域应该适当地缩减规模，以达到规模经济状态；对于规模报酬不变的区域而言，应不断加大低碳和生态技术研发经费投入，加快高新技术产业发展，以使规模经济状态不断延续；对于部分处于规模报酬递增阶段的区域而言，这些区域如果能够加大固定资产投入，扩大规模，会使其产出增加，使其经营状况更佳，效率得到改善。

表3-7 鄱阳湖生态经济区规模报酬变动统计

年份	2010年			2011年		
规模报酬变动	规模报酬不变	规模报酬递减	规模报酬递增	规模报酬不变	规模报酬递减	规模报酬递增
区域	东湖区、西湖区、青云谱区、湾里区、青山湖区、南昌县、新建县、进贤县、昌江区、珠山区、浔阳区、星子县、渝水区、月湖区、余江县、贵溪市、鄱阳县	浮梁县、乐平市、九江县、永修县、武宁县、德安县、都昌县、湖口县、彭泽县、新干县、丰城市、樟树市、高安市、临川区、余干县、万年县	安义县、庐山区、瑞昌市、东乡县	东湖区、西湖区、青云谱区、湾里区、南昌县、新建县、进贤县、昌江区、珠山区、浮梁县、浔阳区、九江县、武宁县、德安县、星子县、渝水区、月湖区、余江县、樟树市、鄱阳县	青山湖区、乐平市、庐山区、永修县、湖口县、贵溪市、新干县、丰城市、高安市、临川区、余干县	安义县、都昌县、彭泽县、瑞昌市、东乡县、万年县
数量	17	16	4	20	11	6
比例（%）	45.95	43.24	10.81	54.05	29.73	16.22

（二）投入要素冗余现象

冗余变量（又称松弛变量、差额变数）是为了使决策单元达到有效率需要减少的投入量和增加的产出量。DEA有效的决策单元分布在一个超平面上，同时构成这个超平面上的其他点都是DEA有效的，超平面称为DEA的相对有效面。将一个非DEA有效的决策单元在超平面上的点进行投影，测算出它与相应DEA有效的差距数值，这样就可以改进一个非有效的决策单元，并进行投入与产出各项冗余变量的分析，这有助于各个决策单元找出投入要素冗余与产出不足的具体数值。

根据投入导向的CCR模型所设定的效率前沿标准，在产出不变的情况下，投入应该大幅度下降，运用DEAP2.1软件对37个样本进行分析，对计算结果进行整理，投入要素存在冗余变量各项的具体情况如表3-8所示。

表 3-8 投入导向的 CCR 模型的冗余变量分析

地区	2010 年				2011 年			
	固定资产投资（亿元）	就业人数（万人）	综合能源消耗（万吨标准煤）	用水总量（亿立方米）	固定资产投资（亿元）	就业人数（万人）	综合能源消耗（万吨标准煤）	用水总量（亿立方米）
青山湖区	0.000	0.000	0.000	0.000	0.000	0.000	198.962	13.070
安义县	0.000	0.000	3.448	3.560	0.000	0.000	0.000	0.000
浮梁县	6.509	0.000	0.169	0.000	0.000	0.000	0.000	0.000
乐平市	8.109	0.000	26.901	0.000	0.000	0.000	0.000	0.000
庐山区	0.000	0.000	0.000	0.840	0.000	0.000	0.000	0.000
九江县	1.609	4.617	15.538	0.000	0.000	0.000	0.000	0.000
武宁县	9.871	0.780	0.006	0.000	0.000	0.000	0.000	0.000
永修县	14.994	0.000	22.656	0.000	0.000	0.000	9.460	0.000
德安县	0.369	0.000	11.172	0.075	0.000	0.000	0.000	0.000
都昌县	0.000	14.741	1.015	0.935	0.000	13.216	0.000	1.174
湖口县	16.189	0.000	79.354	0.000	0.000	0.000	100.498	0.000
彭泽县	0.000	0.000	9.980	0.146	2.631	0.000	9.524	0.000
瑞昌市	0.000	3.234	11.545	0.000	0.000	8.177	37.859	0.000
贵溪市	0.000	0.000	0.000	0.336	0.000	0.000	0.000	0.000
新干县	13.249	0.000	8.488	0.456	30.051	0.000	0.000	0.000
丰城市	0.000	0.000	236.309	10.260	0.000	0.000	189.861	5.905
樟树市	9.974	0.000	27.161	0.000	0.000	0.000	0.000	0.000
高安市	0.000	0.000	63.653	2.286	0.000	0.000	60.579	0.000
临川区	0.000	0.000	0.000	0.549	0.000	0.000	2.386	0.000
东乡县	0.000	0.000	6.562	0.120	0.000	0.000	0.000	0.000
余干县	0.000	6.797	81.410	0.738	0.000	11.589	75.429	0.000
万年县	0.000	2.417	22.186	0.863	0.000	0.429	21.398	0.000
平均值	2.186	0.881	16.961	0.572	0.883	0.967	19.015	0.545

由表 3-8 可知，当前鄱阳湖生态经济区循环经济发展存在一定程度的要素投入冗余现象，需减少相应数额的要素投入，集约使用资本、劳动、能源、水资源等各类投入要素，以提高鄱阳生态经济区循环经济效率水平。具体来讲，2011 年全区平均水平为：固定资产投资冗余 0.883 亿元，就业人数冗余

0.967万人，综合能源消耗冗余19.015万吨标准煤，用水总量冗余0.545亿立方米；2010年全区平均水平为：固定资产投资冗余2.186亿元，就业人数冗余0.881万人，综合能源消耗冗余16.961万吨标准煤，用水总量冗余0.572亿立方米。能源要素粗放利用现象尤其突出，特别是青山湖区、湖口县、丰城市、高安市、余干县等能源粗放利用情况更为严重，制约着循环经济的发展，影响鄱阳湖生态经济区循环经济综合效率。其中，2010年丰城市综合能源消费量冗余数额最大，为236.309万吨标准煤，冗余程度最高；2011年青山湖区综合能源消费量冗余数额最大，为198.962万吨标准煤，冗余程度最高。

通过静态和动态的二维视角，对鄱阳湖生态经济区2010年和2011年的循环经济效率和两年的效率变化指数及效率改进进行了深入分析。从以上效率测算得知，鄱阳湖生态经济区循环经济效率2010年和2011年分别达到了0.832和0.929，呈现上升趋势，且2011年高于全国平均水平。首先，这得益于鄱阳湖生态经济区经济和生态协调发展的可持续发展观念和良好的产业基础；其次，近年来生态产业体系的构建和科技创新"六个一"工程的实施为循环经济发展提供了环境和技术支撑。但是，从计算结果也看出，各地区循环经济水平参差不齐，沿湖地区循环经济水平相对于非沿湖地区更高。如何对经济区内不同地区的产业发展进行引导，发挥南昌、九江等沿湖地区的辐射带动作用，充分利用非沿湖地区的后发优势，成为推动经济区循环经济建设的关键着力点。

对循环经济效率变化分析中发现，经济区总生产要素生产率（0.919）、技术进步指数（0.811）呈现下降的趋势。一方面，在目前的经济发展阶段，经济区总需求构成中，投资及其拉动作用占较大比重，对于循环经济发展，总生产要素生产率的变化趋势缺少内在的稳定条件；另一方面，根据边际报酬递减规律，要素投入的边际报酬是递减的，那么通过要素投入带动经济增长的潜力是有限的。因此，要想稳定并提高总生产要素生产率，在合理扩大产业规模的同时，必须加强循环经济发展的科研创新和生产力成果的转化，从技术上增强核心竞争力，形成经济区循环经济建设的内在动力。

对投入导向的效率改进分析中发现，在产出不变的情况下，2010年和2011年固定资产投资、就业人数、综合能源消耗、用水总量都存在相当数量的冗余（见表3-8），其中，就业人数和综合能源消耗的冗余数量出现了增加的情况。因此，如何科学合理开展投资，提高资源能源使用效率，增强从业人员的职业技能，是减少循环经济投入冗余问题需着力考虑的方向。

因此，如何提高资源利用率、降低环境污染、加强污染治理等问题，如何推进循环经济技术创新和投入，都成为本书后面对策研究的重点。

第四章 鄱阳湖生态经济区三次产业循环经济发展分析

第一节 鄱阳湖生态经济区农业循环经济发展分析

一、鄱阳湖生态经济区农业的发展现状

农业是指提供生产资料的产业,包括种植业、林业、畜牧业、水产养殖业等直接以自然物为对象的生产部门,即广义的农业。狭义的农业指种植业,包括粮食作物、经济作物、饲料作物和绿肥等的生产。下面我们对鄱阳湖生态经济区农业的发展现状进行分析。

(一) 鄱阳湖生态经济区种植业的发展现状

鄱阳湖生态经济区种植业共分为4个区:①中部、东北部洼地、平原、山地粮食作物种植区;②西南、中部山地、丘陵粮食、油料作物种植区;③西北、北部山地、洼地棉花、油菜种植区;④东南、东北部丘陵、平原粮食兼油菜、糖料、蔬菜作物种植区。

根据表4-1可知,农作物总播种面积总体呈上升趋势。从2008~2011年,鄱阳湖地区农作物总播种面积从2230171公顷上升到2904490公顷。粮食作物播种面积也是直线上升,2008年的播种面积为1473920公顷,2011年上升到1969400公顷。由此可以看出,粮食作物播种面积与农作物播种面积上升呈正相关,粮食作物的播种面积基本占农作物播种面积的一半以上,而90%以上

的粮食作物播种面积是用于稻谷的生产,这与鄱阳湖地区多个县市为粮食生产基地的情况相符。

表4-1 主要农作物播种面积

单位:公顷

年份	2008	2009	2010	2011
农作物总播种面积	2230171	2290372	2912980	2904490
粮食作物播种面积	1473920	1508154	1947900	1969400
水稻播种面积	135624	139026	182389	180360
油料播种面积	360571	396890	461090	442420
棉花播种面积	56483	63676	90474	136800
蔬菜播种面积	155899	148972	210470	226460

资料来源:《江西统计年鉴》(2007~2012)。

同时,对比相关数据还可以发现,播种面积变化明显的为棉花和油料。其中棉花播种面积从2008年的56483公顷上升到2011年的136800公顷,增加面积为80317公顷;油料播种面积从2008年的360571公顷上升到2011年的442420公顷,增加面积为81849公顷。水稻和蔬菜的播种面积是升中有降,基本平稳。

按照《鄱阳湖生态经济区农业发展规划(2010)》,应着力推进生态经济区水稻、水产、水禽、水果、生猪、油料六大农业优势产业和棉花、蔬菜等农业特色产业的发展,以提高农业综合生产能力和促进农民增收为目标,以循环经济理念谋划农业农村经济发展,走生态文明、生产发展、生活富裕、科技进步、管理科学、环境友好的现代农业发展道路;把鄱阳湖生态经济区建设成为全国粮食安全的战略核心区、畜禽水产健康养殖生产区、生态农业示范区、高效经济作物带动区、农民收入快速提升区和农村改革试验区。

(二)鄱阳湖生态经济区农业的发展现状

根据赵志刚等人的《鄱阳湖生态经济区农业发展特征及格局研究》一文,通过计算鄱阳湖生态经济区各市县区的农业结构区位商,可将鄱阳湖生态经济区农业大致分为以下4个区:①鄱南农牧生产区;②环鄱渔业产业区;③鄱西北林、果、茶产业区；④鄱东北农业服务产业区①。

鄱阳湖生态经济区农业资源丰富，农业人口较多，是江西省水稻、棉花、水产、水禽的传统主产区，具有很好的生态农业发展前景。2011年该区域主要经济指标权重如表4-2所示。

表4-2 2011年各县（市、区）农林牧渔业总产值及各业所占比例（按当年价格计算）

类型 区域	总产值 （亿元）	种植业 （%）	林业 （%）	牧业 （%）	渔业 （%）	农林牧渔服务业 （%）	人均GDP （万元/人）
南昌县	67.22	36.83	0.42	44.81	16.24	1.70	0.67
新建县	60.80	41.78	1.45	33.45	21.45	1.87	0.85
进贤县	56.75	31.79	0.84	37.97	27.68	1.71	0.68
安义县	12.70	42.59	3.22	33.17	18.49	2.54	0.44
东湖区	0.01	73.53	—	26.47	—	—	0.002
西湖区	0.04	—	—	100.00	—	—	0.009
青云谱区	1.29	9.26	—	73.41	15.92	1.41	0.05
湾里区	3.65	33.54	8.87	49.61	1.45	6.53	0.44
青山湖区	7.70	47.99	0.66	36.86	14.06	0.43	0.18
九江县	17.04	40.29	5.49	20.10	33.22	0.89	0.52
彭泽县	24.17	50.05	6.51	18.31	22.05	3.08	0.63
德安县	7.45	38.37	7.63	29.75	23.11	1.14	0.10
星子县	9.99	37.74	3.13	22.80	35.32	1.00	0.38
永修县	19.55	51.83	3.02	14.57	27.19	3.38	0.51
湖口县	13.74	50.52	1.67	14.96	32.50	0.34	0.47
都昌县	26.08	56.80	0.66	17.14	25.03	0.36	0.32
武宁县	18.18	39.94	11.81	25.21	22.38	0.66	0.47
浔阳区	0.76	1.80	—	16.81	53.64	27.75	0.03
庐山区	6.04	35.95	14.80	30.56	17.55	1.14	0.27
瑞昌市	15.79	43.34	4.48	27.73	20.40	4.05	0.35
共青城市	2.86	28.17	0.17	30.04	41.23	0.39	0.39

---

① 朱卉馨. 鄱阳湖生态经济区发展低碳农业的模式选择和技术支持研究［D］. 南昌：江西农业大学硕士学位论文，2011.

续表

类型\区域	总产值（亿元）	种植业（%）	林业（%）	牧业（%）	渔业（%）	农林牧渔服务业（%）	人均GDP（万元/人）
景德镇市	67.16	35.92	4.48	39.93	17.13	2.54	2.38
余江县	31.17	28.15	1.76	60.04	9.42	0.63	0.88
月湖区	4.04	27.09	18.19	42.15	9.19	3.38	0.19
贵溪市	24.13	49.23	7.30	28.55	12.75	2.17	0.43
渝水区	36.65	51.21	7.47	31.58	7.20	2.54	0.42
东乡县	28.79	24.50	1.26	66.80	3.86	0.58	0.62
临川区	60.74	61.74	3.11	26.08	7.29	17.78	0.52
丰城市	72.86	57.25	3.08	27.31	11.77	0.60	0.53
樟树市	43.54	44.44	2.95	41.23	10.46	0.92	0.74
高安市	53.43	40.14	2.62	49.28	7.31	0.66	0.64
鄱阳县	67.87	53.84	2.13	16.98	24.25	2.81	0.43
余干县	41.83	28.15	2.27	2.27	25.42	39.91	0.40
万年县	23.15	35.64	8.64	45.53	8.17	2.02	0.57
新干县	18.55	49.58	3.92	38.51	6.75	1.23	0.56
合计	945.72	—	—	—	—	—	17.07

资料来源：《江西统计年鉴2011》，各市县区统计年鉴。

根据表4-2可知，鄱阳湖生态经济区农业构成比例中，种植业、牧业和渔业在该区域具有明显优势，绝大部分县（市、区）农业总体水平在全省范围内具有比较优势，是鄱阳湖生态经济区的各个县（市、区）农业优势所在。

从表4-2还可以看出，种植业的优势区域主要分布在永修县、都昌县、湖口县、彭泽县、贵溪市、新干县、丰城市、东湖区、临川区、鄱阳县、渝水区等区域；具有牧业明显优势的区域分布是以赣中片为中心，沿浙赣、京九线辐射分布的南昌县、青云谱区、湾里区、进贤县、西湖区、高安市、樟树市、新干县、东乡县、万年县等地区；鄱阳湖广阔的水域为鄱阳湖生态经济区的各县（市、区）渔业的发展提供了得天独厚的条件，鄱阳湖生态经济区渔业在全省的优势十分明显，在全区范围内渔业优势产业区主要分布于环湖的新建县、安义县、进贤县、九江县、武宁县、永修县、星子县、都昌县、湖口县、共青城市、浔阳区、余干县、鄱阳县等地区；该区农林牧渔服务业没有明显优势，然而，从表4-2可知，具有相对比较优势的区域有浔阳区、临川区和余干县。

由此可见，该区域农业基础较为雄厚，要调整农业产业结构，实现农业的循环经济发展应重点实现各区域农、牧、渔业之间的循环。

二、鄱阳湖生态经济区农业循环经济的发展条件和优势

江西鄱阳湖是我国最大的淡水湖，也是具有世界影响力的重要湿地，2008年江西省政府，提出了"核心是发展，特色是生态，关键是转变发展方式，目标是实现科学发展、绿色崛起"的建设鄱阳湖生态经济区的生态经济规划。实现鄱阳湖生态经济区农业的循环经济发展，有利于转变湖区粗放的发展模式，实现经济发展、循环经济的良性互动，同时还有利于探索具有江西特色的循环经济发展模式，为国内其他湖区循环经济发展提供经验和借鉴。鄱阳湖生态经济区发展农业循环经济具有其自身的发展优势。

（一）资源优势

1. 丰富的土壤资源

鄱阳湖生态经济区地势平坦，土地肥沃，宜于农作和水产养殖，是鄱阳湖流域重要的农业区，素称"鱼米之乡"。鄱阳湖滨湖平原以冲积性土壤为主，湖州地区主要是草甸土和沼泽土。五河冲积平原和鄱阳湖沿岸旱地土壤主要有潮土、水稻土和黄泥土，其中潮土是良好的旱地土壤。水稻土是本区最主要的耕作土壤，其中面积最大的是储育型水稻土，具有良好的肥力基础和耕作性能。红壤广泛分布在丘陵岗地，边缘山地为红壤、黄壤和黄棕壤，是发展林果业的良好土壤。

2. 优越的气候条件

首先，鄱阳湖生态经济区位于雨量充沛、四季分明的亚热带暖湿季风气候区，加上鄱阳湖天然容量超过300亿立方米，水资源丰富；其次，该区是全区光照条件最优越的气候区，年日照时数一般为1894~2085小时，日照百分率为43%~47%，日照充足，光能资源丰富；最后，鄱阳湖流域风能资源丰富。

（二）区位优势

鄱阳湖生态经济区处在长三角、珠三角、海西经济区三点交会处，是贯通东西、连接南北的重要交通枢纽，通过京九铁路大动脉、浙赣铁路、赣陇铁路及赣粤高速、沪瑞高速、沪昆高速、京福高速等大通道与三地紧密相连，成为

承接东部沿海产业转移的最佳区域;在整个鄱阳湖生态经济区内拥有全省最完备的铁路、公路、水运、航空等综合交通体系,有利于协调区内农业与第二、第三产业的发展及与外界的交流和沟通。

(三) 生态优势

生态是江西最大的品牌,是建设鄱阳湖生态经济区最大的现实优势,近几年来,江西省实施土地整理、退耕还林等生态复垦和生态保护工程,造林面积也连续稳定在300万亩以上,森林覆盖率为60.05%,区内设区市的环境空气质量达到或优于国家二级标准,其良好的生态环境为人与自然和谐发展、生态文明和物质文明高度统一创造了有利条件。

(四) 产业优势

鄱阳湖生态经济区一直以来都是我国著名的鱼米之乡和重要的商品粮油基地,近年来随着生产方式的转变,有机食品产量位居全国前列,生态农业呈现良好发展势头。该区同时拥有许多具有特色的相关商标,如庐山鲜笋、乐山雨雾茶、万年贡米、武宁猕猴桃等,江西有30个县的40个基地被农业部授予全国绿色食品原料标准化生产基地,其中源于鄱阳湖生态经济区的占大部分,其中中粮米业、春丝面条、江西茶百年、江西仙客来食用菌加工是绿色食品生产的龙头企业,具有历史悠久,知名度高,规模化生产和专业化加工的产业发展优势。

三、鄱阳湖生态经济区农业循环经济模式分析

鄱阳湖生态经济区要实现农业的循环经济发展,首先,要实现农业结构的优化,其大致可以分为以下五步进行:第一,优化种植业内部结构,如调整粮食作物和高效经济作物的比重。第二,继续保持畜牧业的良好发展势头。第三,加强渔业发展。既要形成规模化和产业化,又要形成明显区域标识的品牌。第四,利用鄱阳湖旅游资源,发展观光农业,促进农林牧渔业服务业发展。第五,把植树造林和经济创收相结合来发展林业。总之,应结合各个地区自身特点形成具有特色的产业带。

其次,要因地制宜,通过农林互补、农畜互补、渔农互补及农业与第二、第三产业的优势互补等发展多层次良性循环,以期能够取得显著的经济效益、社会效益和生态效益。主要可采取以下三种循环模式。

（一）立体种养模式

根据土地、阳光、水等自然特征和生物特性的不同，依据生态系统性的原理，合理安排生物的种养结构和时间等，让生物在互补和竞争中生长，使土地、光、热、水、气等自然资源得到充分合理的利用。

1．"稻鱼、鸭间作"模式

在利用农业生态学中的互利共生原理，在植物（水稻）、动物（鱼类、蚌类）及微生物（水藻、真菌等）进行优化组合，通过共生、互生、寄生、联动等相关作用，使得植物与动物、微生物之间形成共生关系，如图4-1所示。

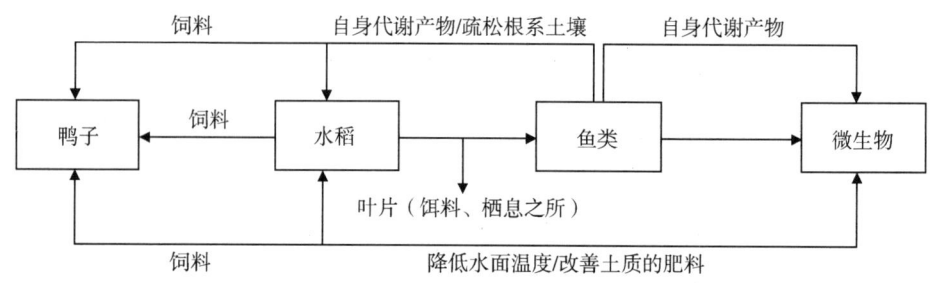

图4-1 "稻鱼、鸭间作"模式

（1）水稻的叶片可以作为鱼类的栖息之所，叶片也能作为鱼类的饵料和为微生物的生长提供条件，降低水面温度。

（2）鱼类将自身的代谢产物提供给农田，成为微生物生长的饵料和改善土质的肥料，促进水稻的增产增收。同时，鱼类的运动性可以改善土壤的土质，疏松水稻根系的土壤，对水体的溶氧起到一定的效果，这样可以减少化肥农药的喷洒和施用，增加了地力，改善了土质，使得水稻、鱼类都能增产增收。

（3）鱼类和贝壳类的生长繁殖，为鸭子等家禽提供了饲料，一地多能。

这样的效果，既增加了农民的收入，具有极好的生态和经济效益，又提高了农田的综合利用功能，使整个生态处于良性循环状况。

2．"猪—沼—果（茶/菜）"模式

在鄱阳湖生态经济区，开展资源综合利用的"猪—沼—果（茶/菜）"模式，进行产业结构调整和沼气生产利用，既具有良好的发展传统，又符合当地实际的具有较强经济、社会和生态效益的发展模式,如图4-2所示。

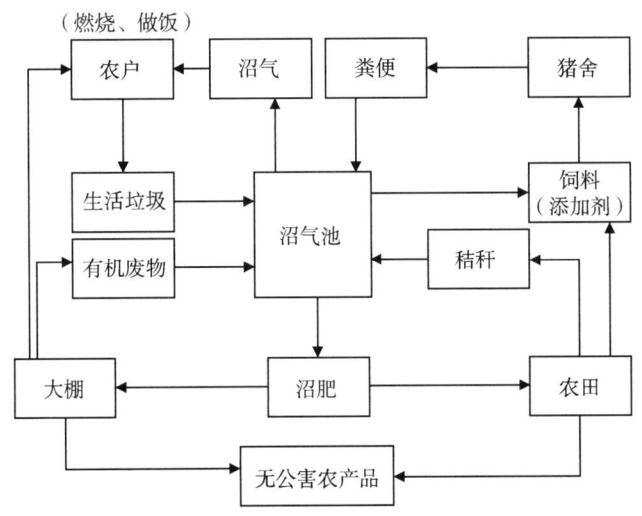

图4-2 "猪—沼—果(茶/菜)"模式

(1) 把人和动物的粪便、生活垃圾等倒入沼气池,再加上秸秆等物质进行混合发酵,发酵产物甲烷用于农户燃烧和发电。

(2) 发酵之后的沼肥用于果树和蔬菜的施肥,并且在果园中套种经济作物(花生、大豆等)或饲料作物,用以满足生猪、鸡等家禽的饲养。

该模式是以沼气建设为纽带,通过将生猪、蔬菜、茶叶、果业等经济因素联系起来,通过延长生产链和食物链,使一种生物的废弃物成为另一种生物的养分,是一项将能源、肥料、饲料的合理加工利用,以达到物质良性循环的发展模式。

在该模式中,农户在兴建沼气池的时候,可以按照"一气多用、一池多改"的方式,广泛而深入地开展沼气的综合利用和改厨、改厕、改浴、改栏、改水、改变环境卫生六改配套建设。

(二) 梯次种养模式

这种模式主要分布在鄱阳湖生态经济区及赣江、抚河等赣江支流的两岸。江西的地形地貌以平原和山地、丘陵为主,赣北还有一个鄱阳湖湖区。丘陵地带所占面积大约是鄱阳湖生态经济区的1/3以上,如何开发利用好丘陵地,对鄱阳湖生态经济区实现农业的循环经济至关重要,如图4-3所示。

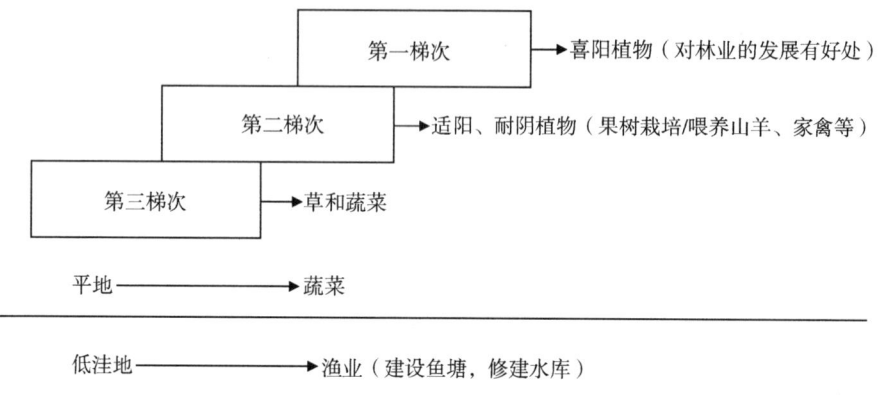

图4-3 梯次种养模式

根据鄱阳湖生态经济区地形地貌特征,利用植物之间的相互作用和不同的生长高度、生长方式,按照梯度生长方式,选择梯次种养模式:

(1)丘陵、山顶为第一梯次。这一梯次适合种喜阳植物以保护山顶的水土,涵养水分,于栽种植物本身而言,有利于其自身的生长和光合作用;另外,可以调节山顶的局部环境气候等因素,对林业的发展也有好处。

(2)丘陵的中间层及山坡为第二梯次。这一梯次适合栽种适阳、耐阴植物以涵盖水土、保养水分,同时也可以栽培果树(如桃树、橘树、枇杷树等),也可以喂养山羊、家禽等。

(3)丘陵的下层为第三梯次。该梯次可用作草和蔬菜的种植生产。

(4)平地可以用作蔬菜的生产。

(5)低洼地可用于修建鱼塘或水库,发展渔业和养殖业。

采取这种梯次种养模式可以实现农林互补、农牧互补、农渔互补的良性循环。

(三)"种植—养殖—加工—贸易(交换)"综合开发模式

该种模式是在种植、养殖的基础上,进一步通过深加工和将加工后的产品进行生产、销售,提供生产、销售一条龙服务,大大突破了单纯以种植业为基础的传统农业发展模式,这样可以极大增加养殖业与农产品贮藏加工业的迅猛发展,如图4-4所示。

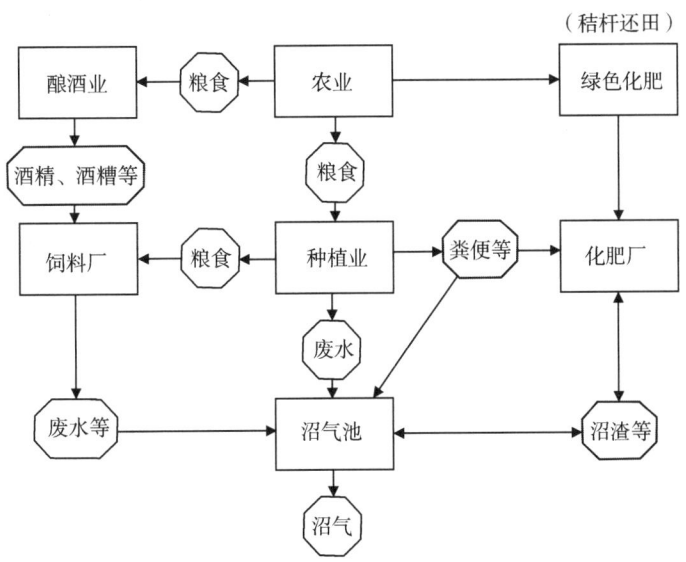

图 4-4 "种植—养殖—加工—贸易（交换）"综合开发模式

该种模式可以通过实行区域化布局、专业化生产、一体化经营、社会化服务和企业管理的方式，优化农业产业结构，增加农民的经济效益，提高物质的产品质量，增加资源的利用度，促进农业的循环经济发展。

除上述几种循环模式外，该区还可以通过发展特色旅游农业，融合生态旅游和假日观光为一体的综合利用土地模式，实现农业与服务业的循环发展。

第二节 鄱阳湖生态经济区工业循环经济发展分析

一、鄱阳湖生态经济区工业发展的特征分析

21世纪以来，江西省坚持"工业强省"战略，主攻工业的思想理念发生了深刻变化。自省第十一次党代会确立了"以加快工业化为核心"、"以工业的崛起加速江西崛起，以工业的振兴实现强省富民"的发展思路，近10年陆续出台了《昌九工业走廊规划》、《加快向工业强省转变若干意见》、《实施产

业经济的"十百千亿工程"》等政策措施，加快了工业化的步伐。初步建立了以汽车、航空及精密仪器制造、特色冶金和金属制品加工、中成药和生物制药、电子信息和现代家电产业、食品工业、精细化工及新型建材等为核心的产业体系，新型工业初具规模。工业发展出现工业总量不断扩大，工业结构不断优化，工业后劲不断增强，发展环境不断优化等特征，具体分析如下。

（一）工业总量大，占 GDP 比例高

根据表 4-3 可以看出，鄱阳湖生态经济区已经达到工业化的中期阶段。该区域工业在国民经济中占比已超过一半，整体工业化实力正在逐步增强，工业在国民经济中的基础和主导地位日益显著，支柱产业的地位得到巩固。

表 4-3　2011 年鄱阳湖生态经济区工业总量指标数据

区域	GDP 总量（万元）	工业 GDP（万元）	工业占 GDP 比重（%）
南昌市	26888700	15792900	58.73
景德镇市	5647100	3557400	63.00
鹰潭市	4267000	2761700	64.72
九江市九江县	603248	385495	63.90
彭泽县	457716	263207	57.50
德安县	495077	347414	70.17
星子县	436738	209552	47.98
永修县	754246	486574	64.51
湖口县	852489	665631	78.08
都昌县	540654	248510	45.96
武宁县	628090	324778	51.71
浔阳区	2901357	1156084	39.85
庐山区	1741796	916026	52.59
瑞昌市	850802	604171	71.01
共青城市	437439	359707	82.23
新余市渝水区	7792100	5220100	66.99
抚州市东乡县	829142	512700	61.84
临川区	2298418	1312519	57.11
宜春市丰城市	2879112	1041100	36.16
樟树市	1885600	653100	34.64

第四章 鄱阳湖生态经济区三次产业循环经济发展分析

续表

区域	GDP 总量（万元）	工业 GDP（万元）	工业占 GDP 比重（%）
高安市	1363813	585100	42.90
上饶市鄱阳县	991221	394027	39.75
余干县	792066	284994	35.98
万年县	620026	354395	57.16
吉安市新干县	679627	365482	53.78
鄱阳湖生态经济区	67633577	38802666	57.37

资料来源：《江西统计年鉴2011》，各市县区统计年鉴。

（二）粗放型工业生产模式逐步向良性转化

资源产出和综合利用取得明显成效，资源产出率是用以衡量某一地区、某一部门的投入和产出的情况。从表4-4可见，自2010～2011年，鄱阳湖生态经济区的单位GDP耗能低于全国平均水平，2010年在中西部地区已达到第一。单位工业增加值能耗下降速度很快。这说明工业产出提高迅速，粗放型工业生产模式有所改善。

表4-4 鄱阳湖生态经济区与全国国内生产总值耗能和工业生产总值耗能对比

年份		单位 GDP 能耗（吨标准煤/万元）	单位工业增加值能耗（吨标准煤/万元）
2009	全国	0.8995	—
	鄱阳	0.7592	1.3550
2010	全国	0.8092	1.4378
	鄱阳	0.6611	1.0729
2011	全国	0.7359	—
	鄱阳	0.5920	0.9446

资料来源：《中国统计年鉴》、《江西统计年鉴》（2009～2011）。

（三）工业园区成为新的经济增长极，规模已占半壁江山

鄱阳湖生态经济区所辖园区（开发区）占全省园区总数的41.5%。2011年工业园区招商引资签约资金达520.97亿元，其中1亿元以上项目资金达429.62亿元，分别占全省园区总量的50.9%和58.2%，比上年同期分别增长

18.4%和43.1%。为策应鄱阳湖生态经济区建设，区内各工业园区、开发区以引进重大项目为主抓手，鄱阳湖生态经济区内38个工业园区招商引资实际到位资金达170.33亿元，比上年同期增长33.4%，占全省园区总量的58.9%，比重提高3.9个百分点。其中，省外资金134.37亿元，增长39.6%，占全省园区总量的59.8%，比重提高3.9个百分点；境外资金2.42亿美元，增长40.6%，占全省园区总量的47.5%，比重提高2.6个百分点，鄱阳湖生态经济区已成为吸引重大项目投资的"热土"。新余高新技术产业园区、南昌经济技术开发区、南昌小蓝经济开发区、抚州金巢经济开发区、景德镇高新技术产业园区2011年招商引资实际到位资金均超过50亿元，共实现到位资金385.17亿元，占50%。余江工业园区、都昌工业园区、余干工业园区、景德镇陶瓷工业园区等11个工业园区招商到位资金增幅在1.2~56.1倍。

大项目的进驻、基础设施的建设发展，助推了工业园区的经济大发展，提升了鄱阳湖生态经济区的发展水平，壮大了全省工业园区的经济总量。鄱阳湖生态经济区内38个园区的经济总量占全省园区总量的份额超过一半，主要经济指标占据全省工业园区、开发区的"半壁江山"。在实际开发面积大幅增加的情况下，各项经济强度指标较同期有不同程度的提高。2011年末，38个工业园区、开发区工业企业拥有资产计2878.59亿元，同比增长25.0%，占全省园区总量的64.3%；工业企业从业人员64.76万人，同比提高10.7%，高于全省园区平均增速3个百分点。工业园区、开发区经济效益和社会效益明显提高，整体经济实力显著增强，园区工业增加值总量和园区工业增加值占工业增加值的比重迅猛增加。工业园区建设取得了显著成效，已经成为鄱阳湖生态经济区经济社会快速发展的重要支撑、发展产业集聚和产业集群的重要平台、发展开放型经济的重要载体和增加就业岗位的重要阵地。

（四）工业废弃物回收综合利用效率较低，工业污染治理能力有限

工业污染程度主要是指工业三废：工业废气、工业废水、工业固体废物对环境造成的污染情况。从表4-5的分析来看，2011年经济区内三废排放整体情况较之前明显好转，但是工业污染治理能力依然有限，工业污染治理技术水平低。

表 4-5 江西省和全国单位工业 GDP 的工业三废产生及工业三废利用情况对比

指标	2009 年		2010 年		2011 年	
	江西	全国	江西	全国	江西	全国
工业废水产生量（万吨/亿元）	19.25	17.33	16.90	14.77	13.16	13.75
工业废气排放量（万立方米/亿元）	259	322	228	323	297	310
固体废物生产量（万吨/亿元）	2.78	1.51	2.19	1.50	2.10	1.71

资料来源：《中国统计年鉴》、《江西统计年鉴》（2009~2011）。

二、鄱阳湖生态经济区重点工业产业影响力分析

鄱阳湖生态经济区新型工业初具规模，初步建立了以汽车、航空及精密仪器制造、特色冶金和金属制品加工、中成药和生物制药、电子信息和现代家电产业、食品工业、精细化工及新型建材等为核心的产业体系；基础设施条件较好，初步形成了便捷的立体交通网络，构建了安全可靠的电力供应体系。

在深入贯彻落实科学发展观，积极应对国际金融危机冲击，着力提高自主创新能力，加快发展高新技术和战略性新兴产业，保持经济平稳较快发展的新形势下，江西省委、省政府认真贯彻落实中央经济工作会议精神，紧密结合本省实际，立即制定并实施《江西省十大战略性新兴产业发展规划》，重点选择了光伏、风能与核能、新能源汽车及动力电池、航空制造、半导体照明、金属新材料、非金属材料、生物、绿色食品、文化及创意十个产业作为重点培育的战略性新兴产业。2012年，十大战略新兴产业实现主营业务收入突破万亿元，达到10345.32亿元，同比增长15.5%，完成工业增加值1932.38亿元，占全省规模以上工业的39.6%，占全省 GDP 的比重为34.9%，同比提高1.4个百分点。江西省铜产量居全国第一位，铜材加工列全国第三位。高科技工业陶瓷、有机硅、玻纤及盐化工等方面居于全国龙头地位。中成药工业进入全国第一方阵。鉴于江西省战略新兴产业的重要性及其大部分产业基地均在鄱阳湖生态经济区内，本书将主要从战略新兴产业进行选取并进行影响力分析。

重点工业产业影响力的表现形式有很多种：产业主体的某种经济实力，如工业总产值，固定资产总额；产业主体的某种经济绩效，如成本费用利用率，增加值率，研发经费占 GDP 比重；产业主体的某种生态竞争力，如单位工业增加值综合能耗，废水治理率。本书将从三个角度进行分析，重点工业产业影响力可以简要的表述为：产业影响力=经济实力+经济绩效+生态竞争力。本书拟应用层次分析法（AHP）构建评价产业影响力的模型，研究分析重点工业的产业影响力。

（一）重点工业产业影响力评价指标体系的构建

我们使用层次分析法对产业影响力进行分析，递阶层次结构分为目标层、准则层和方案层。目标层是产业影响力评价指标的重要性排序；准则层是实现目标需要考虑的准则，我们的准则设计为经济实力、经济绩效和生态竞争力三个准则；方案层表现为实现目标可供选择的具体方案，这里表现为工业总产值、固定资产总额等 7 个指标，如表 4-6 所示。

表 4-6　重点工业产业影响力评价指标体系

第一层：目标层	A 重点产业影响力						
第二层：准则层	B1 经济实力		B2 经济绩效			B3 生态竞争力	
第三层：方案层	C1 工业总产值	C2 固定资产总额	C3 成本费用利润率	C4 增加值率	C5 研发经费占 GDP 比重	C6 单位工业增加值综合能耗	C7 废水治理率

（二）重点工业产业影响力评价指标总排序值的获得

1. 构造判断矩阵

判断矩阵是层次分析法的核心，是由定性过渡到定量化的重要环节。邀请相关专家分别就 B1、B2、B3 对 A 的相对重要性进行打分，得到判断矩阵 A；C1、C2、C3、…、C7 对 B1、B2、B3 的相对重要性打分，得到判断矩阵 B1、B2、B3。具体结果见各自的两两比较判断矩阵，其中：准则层经济实力 B1、经济绩效 B2、生态竞争力 B3 的两两判断矩阵 A 如表 4-7 所示，方案层各自的属性值之间的两两判断矩阵如表 4-8、表 4-9、表 4-10 所示。

第四章 鄱阳湖生态经济区三次产业循环经济发展分析

表4-7　判断矩阵 A

A	B1	B2	B3	权重
B1	1	3	5	0.65
B2	1/3	1	2	0.23
B3	1/5	1/2	1	0.12

表4-8　经济实力指标权重

B1	C1	C2	权重
C1	1	2	0.64
C2	1/2	1	0.36

表4-9　经济绩效指标权重

B2	C3	C4	C5	权重
C3	1	3	5	0.65
C4	1/3	1	2	0.23
C5	1/5	1/2	1	0.12

表4-10　生态竞争力指标权重

B3	C6	C7	权重
C6	1	2	0.64
C7	1/2	1	0.36

2. 层次单排序一致性检验

根据 AHP 法，必须对表4-7~表4-10 的两两比较判断矩阵进行层次单排序，通常有两种方法，即连乘开方法和近似法。本书采用连乘开方法，计算过程如下：设针对某一准则的各元素的权重向量为 $W=(W_1,W_2,W_3,\cdots,W_n)^T$；判断矩阵 A 的元素为 a_{ij}（$i,j=1,2,\cdots,n$），则其特征向量 W 的分量 W_i 按下式求得：

$$W_i = \left[\prod_{j=1}^{n} a_{ij}\right]^{1/n} \quad (i=1,2,\cdots,n)$$

令 $j=1$，然后对所得 $W=(W_1,W_2,W_3,\cdots,W_n)^T$ 加以正规化（归一

化）处理，即可获得各元素 B1、B2、B3 的权重。

按此，可算出 B 元素关于 A 的权重为 WB1 = 0.65，WB2 = 0.23，WB3 = 0.12；C1、C2 关于 B1 的权重为 WC1 = 0.64，WC2 = 0.36；C3、C4、C5 关于 B2 的权重为 WC3 = 0.65，WC4 = 0.23，WC5 = 0.12；C6、C7 关于 B3 的权重为 WC6 = 0.64，WC7 = 0.36。

由于矩阵 A 中的因素是通过主观判断确定的，须对其进行一致性检验：

C.I. = (3.01−3)/(3−1) = 0.005；R.I. = 0.58

C.R. = C.I./R.I. = 0.005/0.58 = 0.009<0.1，满足判断矩阵一致性条件。

按照上述方法，对表 4-9、表 4-10 进行权重排序和一致性检验（计算过程略），其中的 C.R. 值均小于 0.1，因此各判断矩阵都符合一致性的条件。

3. 总排序及一致性检验

按照单排序的计算结果，依次计算总排序权重向量，同时计算一致性指标、总平均随机一致性指标 R.I. 和总随机性比例 C.R.，其中的 C.R. 值均小于 0.1，因此各判断矩阵都符合一致性的条件，如表 4-11 所示。

表 4-11 重点产业影响力总排序

重点产业影响力							
分目标	B1		B2			B3	
权重	0.65		0.23			0.12	
措施	C1	C2	C3	C4	C5	C6	C7
权重	0.416	0.234	0.150	0.053	0.014	0.027	0.043

依据上文已经建立的重点工业产业影响力评价指标体系框架，本书通过对相关专家和企业走访和调研，运用各种手段收集相关资料，在江西省统计局的帮助下，共同对鄱阳湖生态经济区内的光伏产业（D1）、风能和核能及节能产业（D2）、新能源汽车及动力电池（D3）、航空制造（D4）、半导体及绿色照明（D5）、金属新材料（D6）、非金属材料（D7）、生物及新医药（D8）八大产业 7 个指标进行评价，采用德尔菲法按照 10 分制打分，其方案层因子得分如表 4-12 所示。

第四章 鄱阳湖生态经济区三次产业循环经济发展分析

表 4-12 八大产业方案层得分

产业	C1	C2	C3	C4	C5	C6	C7	得分
D1	9	9	7	8	7	6	6	7.8405
D2	6	7	9	8	7	9	8	6.5903
D3	6	7	8	7	8	9	8	6.4023
D4	8	7	9	8	9	9	8	7.4511
D5	7	6	6	7	7	8	9	6.2873
D6	9	9	8	8	6	8	7	8.0724
D7	7	6	7	6	6	7	7	6.2563
D8	8	8	8	8	9	7	7	7.4388

资料来源：本书通过对相关专家和企业走访和调研，采用德尔菲法按照 10 分制打分计算获得。

三、典型重点工业产业循环经济分析

根据上文层次分析法对重点产业的研究，本书将对鄱阳湖生态经济区内金属新材料、光伏产业和生物及新医药产业进行重点研究，如表 4-13~表 4-15 所示。

表 4-13 金属新材料产业的相关指标

工业固体废物综合利用率（%）	91
工业废水循环利用率（%）	85
万元工业产值取水量（吨/万元）	12.6
万元工业产值污水排放量（吨/万元）	1.64
万元工业增加值能耗（吨标准煤/万元）	0.09

资料来源：《江西统计年鉴 2011》。

表 4-14 光伏产业的相关指标

工业固体废物综合利用率（%）	95
工业废水循环利用率（%）	68
万元工业产值取水量（吨/万元）	9.1
万元工业产值污水排放量（吨/万元）	1.35
万元工业增加值能耗（吨标准煤/万元）	0.93

资料来源：《江西统计年鉴 2011》。

表 4-15 生物及新医药产业的相关指标

工业固体废物综合利用率（%）	68.8
工业废水循环利用率（%）	75.8
万元工业产值取水量（吨/万元）	18.26
万元工业产值污水排放量（吨/万元）	3.39
万元工业增加值能耗（吨标准煤/万元）	0.076

资料来源：《江西统计年鉴2011》。

（一）指标分析

对比三大产业中相关指标后我们可以发现，三大产业相关循环指标总体来说有了很大改善，已经达到了一定的循环效率，但是其中依然存在很大问题：光伏产业的水循环率过低，能耗率依然有很大的降低空间；生物及新医药产业的废物利用率和水循环水平还有待提高；金属新材料产业的相关指标得到很大改善。

（二）金属新材料产业具体发展分析

本书通过调研，主要分析了高新区江铜科技园的金属新材料产业链现状和设计，重点围绕铜资源深加工和钨资源深加工体系上下游产业联系和产业配套，延长产业链条，完善产业链功能配套网络。

1. 主导产业链的设计

首先，铜资源深加工产业链。以江铜科技园为核心，引进覆铜板、线路板制造和引线框架等生产企业，构建铜箔—覆铜板—线路板完整产业链，完善相关配套产业体系，促进产业链的延伸，打造国内一流的铜资源深加工基地。

相关配套产业链的延伸，应从以下五个方面考虑。

（1）电子信息行业用铜延伸。包括电子引线框架用铜材、印刷电路用铜材、电子器件（接线器、继电器）用铜系弹性材料及铜系复合材料等，如电解铜箔、集成电路框架用铜合金带、接插件用铜合金带等产品。

（2）家用电器用铜延伸。包括空调用铜材、冰箱用铜材等，以及家电微特电机用漆包线、冰箱空调用耐冷媒线、平板电视用耐高压励磁线等各种特种漆包线产品。

（3）电力电气行业用铜延伸。包括电机与变压器用铜材、电缆与电线用铜材等，如变压器用高精度铜带、发电机用铜合金冷凝管、电缆铜带，以及各种线圈用自粘性漆包线、变频电机用耐电晕线等特种漆包线产品。

（4）交通运输行业用铜延伸。包括轨通交通行业用铜材、汽车产业用铜材等，如轨道接触线、异型铜排、汽车水箱用铜带、船舶用铜合金冷凝管等产品。

（5）建筑行业用铜延伸。主要包括铜水管、铜制散热器、铜连接件、装饰装潢用铜板、动力电线等产品。

其次，稀有金属深加工产业链。以TCT（南昌）钨粉百利精密刀具和江钨浩运科技有限公司的储氢合金粉项目为核心，构建钨丝、钨粉—碳化钨精密刀具、合金等稀有金属深加工产业链。完善配套产业体系，最终建成包括研发—制造—销售—行业应用等在内的完善的稀有金属深加工产业链。

2. 补链产业的发展

第一，引进的企业必须符合相关行业准则及国家、省的产业政策和准入条件，在工艺技术方面，必须是工艺与装备较先进，自动化程度高，环境清洁度高，属于国内先进水平甚至达到国际先进水平的企业。

第二，大力支持江铜科技园做大做强，加强铜资源深加工产业链上下游企业的协作与联合，实现园区内不同品位废铜资源的流转。美国科勒、前泽给装等企业生产的铜屑、铜渣，可以出售给品位要求相对较低的江铜—耶兹铜箔等企业利用，实现园区废物内部消化的目标。

第三，引进具备高温加热实现铝、铜和塑料分离工艺的静脉企业，考虑到高温加热塑料对大气的影响，可在大气环境容量大的区域异地办厂，通过虚拟工业园区的建立稳定供给。

第四，引进能利用江西泓泰企业集团有限公司、江西方大新型铝业有限公司等生产产生的边角废料进行下游铝制品加工的企业，消纳这些边角废料产能至少达到100吨/年以上，可将南昌市或周边区域废铝等纳入收集范围，扩大产能。

第五，将TCT（南昌）有限公司和百利精密刀具（南昌）有限公司等企业产生的废渣、钙镁渣、铬渣、镍铬渣等，以及江西铜业集团公司、江西普天数据电缆有限公司等产生的废母液、切削液等固废，流通进入高新区固废再生利用系统，实现资源化和重复利用。

（三）光伏产业具体发展分析

本书通过调研，主要分析了江西星火工业园区。江西星火工业园区位于江西省永修县内，以星火有机硅厂为核心，包括新建和引进的若干相关企业，利用有机硅单体生产的废弃物及副产品，加工出适应市场需求、科技含量较高的产品，形成了有机硅深加工和废弃物综合利用的生态式有机硅生产网络。目前，该园区已申报国家级循环经济园区。星火公司在年10万吨生产规模下，投资2000多万元建立了污水处理能力在200万立方米/小时的污水处理装置等设施。扩建10万吨生产线后，污水等处理设施的处理水平不能适应生产需求。在当地政府的引导下，星火及其他企业创办了工业园区，用兴办或引入配套等方式，逐一消化了有机硅生产中的废弃物和副产品。主要经验及举措有：

（1）主产品以深加工为主。星火有机硅厂的主产品是二甲基氯硅烷，约占所有产品产量的80%。经过星火化工厂加工生产硅树脂类、硅油类等产品。

（2）引进先进技术消化副产品。甲基三氯烷是生产有机硅单体过程中产生的主要副产品，毒性及危害性较大，国内市场需求小。生产线每年可产生2万吨左右这种副产品。园区通过引进美国博卡公司的技术处理这种副产品，并每年获利8000万元。

（3）入园企业尽量对接。产业链园区考虑引进企业时，尽量考虑到产业链条的对接关系，优先引入与现有企业在上下游或技术上具有互补关系的企业。例如，引入的星火狮达公司是处理浆渣的企业，该公司利用水解吸收的方法，回收浆渣中的氯化氢制成盐酸，剩余的废渣出售给砖瓦厂制砖。工业园区内的企业相互链接，甲的产品或废弃物是乙的原料，而乙的废弃物可能是另外企业的某种原料，最终都以具有市场需求的产品出园，将极大提高各产品的附加值和提高园区整体的效益。

（四）生物及新医药产业具体发展分析

本书通过调研，主要分析了樟树药业。樟树药业的历史源远流长，目前，全市拥有中药材总面积18万亩，种植面积在全省县级市排名第一，有千亩以上基地18个，种苗基地6个，基地联系农户1万余户（其中科技人员780余人、加工技术人才300余人），品种以"三子一壳"为主，中药材产量5.42万吨，产值3.96亿元。吴城乡庙前黄栀子种植基地为全省首个通过国家GAP认证的中药材种植基地。庆仁中药饮片公司制定了黄栀子种植国家技术标准，正在进行推广示范,"樟树吴茱萸"已成功获得国家地理标志产品保护。

全市有医药企业108家。其中:①拥有通过国家GMP认证的药品生产企业6家,药品剂型有丸剂、片剂、颗粒剂、散剂、酒剂、胶囊剂等29种,共计500多个产品,其中有国家级新产品9个,中药保护品种13个,全国独家品种6个,国家专利9个。其中成立于1998年的仁和药业股份有限公司,于2007年3月29日实现成功上市,在全国医药行业排名21位。②拥有通过国家GMP认证的中药饮片生产企业4家(江西庆仁中药饮片有限公司、江西樟树天齐堂中药饮片有限公司、江西药都樟树中药饮片有限公司、江西樟树葛玄中药饮片有限公司),品种千余个。③拥有保健品生产企业70多家,其中通过了GMP认证的32家,获得保健品批文180个、消字号批文18个、器械批文6个,实际生产品种在180个左右。

截至目前,全市医药产业拥有中国驰名商标2件,省著名商标39余件。其中仁和集团的"仁和"品牌2010年入选"中国最具价值品牌500强",排名第263位,品牌价值31.49亿元,销售超过3亿元的产品有优卡丹、妇炎洁,超2亿元的产品有可立克,超1亿元的产品有闪亮、正胃胶囊、清火胶囊。2008年,樟树市医药产业集群荣获"中国县域产业集群竞争力百强"称号,成为江西省唯一入选的县域产业集群。2011年,"樟树吴茱萸"成功获得国家地理标志产品保护。

目前,该市医药产业要重点抓水资源和药渣循环利用,发展饮用水一级和二级反渗透处理,使后产生的淡水、浓水分别用于多效蒸馏机蒸馏,内包材的清洗、加热、冷却和厂内草坪浇灌等;合理利用废材,推进药渣肥料化、催化剂再利用工程;鼓励使用医药燃气锅炉,减少烟尘排放;更换燃料设备,引进使用$300m^3/h$至$1000m^3/h$等级的PSA制氧设备;加强生物工程技术的研究与开发,发开新的生物工程药物。

四、鄱阳湖生态经济区工业循环经济模式分析

本书除了对鄱阳湖生态经济区内金属新材料、光伏产业和生物及新医药产业循环问题进行重点研究外,对传统污染大户钢铁工业、化学工业、煤炭工业也提出相应的循环经济模式的建议。

(一) 钢铁工业循环经济模式

钢铁工业发展循环经济，可以体现在不同的企业和行业之间。在钢铁产品全生命周期内，在企业内部、企业之间建立共生模式，如图4-5所示。

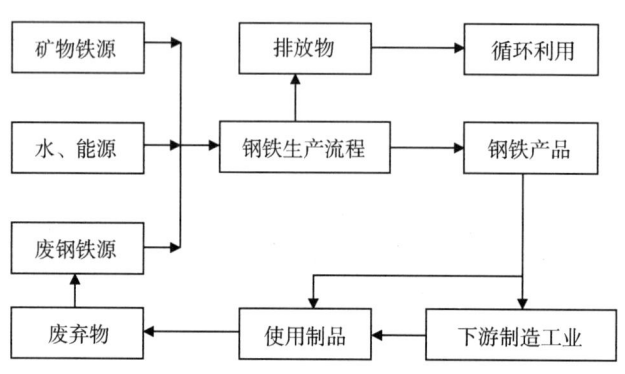

图4-5　钢铁工业循环经济共生模式

企业内部，在同一工序或多个工序中循环使用某种生产元素（如水的循环利用）等，或者利用生产过程协调处理其他过程的废弃物；在企业之间，实现物质的循环利用、能量的高效利用和梯级利用。

1. 铁素体来源及产品生产环节减量化

钢铁产业的主要铁素体来源有两个：一是铁矿石，二是废钢。铁矿石是我国钢铁生产的主要资源，但这种资源具有不可再生和逐年衰减的特征。铁矿石作为炼铁原料，品位高低直接影响生铁产量和质量。矿石品位低，生产同样的铁所需要消耗的矿石量就大，能源消耗和高炉渣量也大。如果相对高品位的矿石不能开采出来，而追求低品位矿石的高效利用，在经济上是不合算的。因此，提高入炉品位是提高产量、降低焦比和高炉渣产量、减少废物排放的重要措施。研究资料表明，矿石品位每提高1个百分点就可以减少30~40千克/吨铁的渣产量和一半的除尘灰。此外，提高产品技术含量和附加值，改变工艺路线，开发系列产品，都是降低单位产值能耗的重要途径。

2. 能源高效转化、梯级利用

由于有焚烧炉或能源转化的环节，包括焦化、发电或用电等，在这些环节的重点是能源的高效转化、梯级利用。通过系统优化管理，优化配置资源，高效转化和利用。能源梯级利用主要包括：不同温度蒸汽或热水的开发利用；不同工艺，采用分质供水等。对于冶金行业，水在很多环节是作为能源和废弃物载体出现的，如湿法熄焦等。因此，水资源高效利用和梯级利用也成为节能的重要途径。

3. 废旧钢铁的再利用

利用废钢已经成为钢铁行业发展循环经济着力推进的重要内容，废钢铁是可回收的再生资源，是电炉炼钢必不可缺的原料，也是机器制造业、轻工业等行业的原料。以废钢和电力为源头的钢铁生产，包括电炉—精炼—连铸—热轧等流程。这是以社会废钢循环、加工制造废钢、钢厂自产废钢和电力为源头的制造流程。就能耗、废弃物排放和环境负荷而言，电炉流程相对低些。以废钢为源头的电炉流程与以铁矿石为源头的高炉/转炉流程相比，每吨钢可节约铁矿石1.3吨，降低能耗350千克标准煤，减排二氧化碳1.4吨，减排废渣600千克。可以发挥以社会回收为主的多元化回收体系的作用，促进和加强废旧钢铁再生资源的循环利用。

4. 构架工业生态链

从生命周期的角度分析，钢铁产业是一种长过程、多工艺的产业，在从矿产资源开采、选矿、冶炼、产品生产到废旧金属回收利用的各个环节，都将产生废弃物。与此相对应，再利用可分为以下几种情况：废矿石、尾矿、工业三废的开发利用等。由于钢铁生产过程中焚烧炉的存在，因而具有消纳社会废弃物的潜力。例如，社会消费产生的废塑料制品，通过分选后冷冻破碎成粉状，可直接喷入高炉焚烧，一般的废塑料通过分选后，可以装入焦炉，按焦炉生产焦炭总量的2%~3%计算可以消纳相当数量的废塑料。因此，可把钢铁企业作为"关键种"，建立耦合共生关系，形成工业生态链，建设循环经济工业园。

（二）化学工业循环经济模式

化学工业是国民经济发展的重要原材料产业，在各国的国民经济中占有重要地位。世界上大约有数千万种化学物质，其中常用化学品有7万种，并且每年还有大量的新化学品问世。同时，其也是资源密集型的高耗能产业，废气、废水、废渣排放量大，利用率不高，不但浪费资源，而且污染环境，由于化学工业门类繁多、工艺复杂、产品多样，生产中排放的污染物种类多、数量大、毒性高，因此，化学工业又是一个污染大户。这些特点决定了化工行业不仅是最有条件、最具潜力,而且也是迫切需要发展循环经济的产业之一。化学反应的可逆性决定了化工行业中间品和副产品多,废物产生量大,这也使得化工行业的资源循环利用前景十分广阔。化肥、两碱、电石、黄磷及农药、染料是高能耗、高污染的行业,也是生态化重构的重点。通过生态化重构,优化物质流、能量流、信息流,使之高度集成,形成共享资源和互换产品、副产品的产业共生链网。这就需要大力研究与开发从源头上减少和消除污染的绿色化学。

绿色化学的理想在于不再使用有毒、有害的物质,通过理想的原子经济反应,使原料分子中的原子100%地转化成产物,不产生副产物或废物。它是一门从源头上阻止污染的化学手段,也符合循环经济的要义和化学工业发展模式转型的方向。化学工业发展转型的主要途径与模式:

1. 原料采购和选用

①采用无毒无害的原料。产品目标确定后,选择无毒、无害的原料与中间体。例如用非光气法工艺,主要以双酚A与碳酸二苯酯为原料合成聚碳酸酯,既符合环境要求的绿色工艺,也避免了剧毒物的产生。②采用无毒无害的催化剂。目前烃类的烷基化反应一般使用氢氟酸、硫酸、三氯化铝等液体酸催化剂,这些液体催化剂的共同缺点是对设备腐蚀严重,危害人体,产生废渣,污染环境。多年来国外正从分子筛、杂多酸、超强酸等新催化材料中大力开发固体酸烷基化催化剂。③利用可再生资源合成化学品。利用植物提供的生物质代替当前广泛使用的石油。把废生物质转化成动物饲料、工业化学品和燃料。生物原料主要是纤维素、淀粉等,纤维素再生量大,具有易降解和高反应活性,可利用新型催化裂解技术裂解纤维素提取生物质燃料,而淀粉易转化为葡萄糖,可生产酒精和其他化工产品,这些都起到了节约资源、保护环境的作用。

2. 产品绿色生产

在无毒无害条件下生产,尽量不用或少用有毒、有害的溶剂和助剂,或采用环境友好型的溶剂和助剂。如:①采用无添加溶剂的固态化学反应,如一种制造印刷线路板的全新工艺,其核心步骤是固相次磷酸铜的热分解反应,废除了传统工艺中$SnCl$溶液预处理、钯盐溶液的表面活化和洗涤及化学镀铜等一半多湿法步骤,大大减少了对环境的污染;②以水为介质的有机反应,因不用有机溶剂,不存在易燃易爆问题,操作更简便、安全,水成为潜在的环境友好反应介质；③超临界流体（SCF），超临界流体对固体或液体的溶解能力较之在常温常压下可提高几十倍甚至几百倍。另外超临界流体作反应介质能够及时溶解结焦前体，延长催化剂寿命，还可移动化学平衡，提高转化效率。

3. 开发环境友好型产品

有机化工产品对环境的影响相对于无机化工产品大，尤其是农药本身就有毒，在应用中可通过生物链进入人体和生物体内，并逐渐积累，从而破坏了生态平衡，严重威胁着人体的健康，需大力开发新的农药产品。传统染料工业对环境和人体的危害也相当严重，如染料中成分萘胺、联苯胺等有很强的致癌作用。因此研究生产无毒害、无害的新产品将会带来经济效益和环境效益。

（三）煤炭工业循环经济模式

煤炭本身是一次能源，又可以通过不同的转化方式变成电能、气体燃料、液体燃料等洁净能源。煤炭本身和其转化成的气体、液体、固体又是重要的化工原料。以煤炭资源为依托，形成完整的产业链，产业链中有许多共生单元，可以根据资源禀赋条件和自身的发展现状，选择不同的共生单元组合，实现煤炭工业发展转型。通过发展煤炭加工利用和煤化工，开发煤基醇醚燃料、煤制油、煤层气等替代能源，实现甲醇掺烧替代汽油、二甲醚替代液化石油气和柴油、煤层气替代天然气、喷吹煤替代重油、乙炔化工和焦化副产品综合替代石油化工产品及煤炭通过液化变成油品，从而把煤炭转化为高效、洁净的新型能源和石油替代产品。煤炭工业发展模式转型，主要体现在煤化工产业的发展，可以选择以下四种模式：

1. 煤变油模式

煤变油煤炭液化方法，包括直接液化、间接液化和共同液化。由于煤炭液化过程可以脱出煤中硫、氮等污染大气的元素及灰分等，硫元素还可以用硫磺的形态得到回收。煤基合成油可将高硫劣质煤炭转化为燃料油替代石油，对煤基合成油过程中产生的 CO_2、CH_4 和 N_2 等气体进行转换利用，在满足合成油的同时，发展合成氨和尿素产业。液体产品是比一般石油产品还要优质的洁净燃料，所以煤炭液化技术是一种较彻底的洁净煤技术。其产业化可以解决"一种稀缺资源替代另一种稀缺资源"的问题，探索出高硫劣质煤清洁利用的新途径。

2. 煤层气开发利用模式

煤层气资源化，有利于资源合理利用和减少温室气体排放。煤层气是优质能源和化工原料，作为一种新能源，可以用来发电，用作工业燃料、化工原料和民用，可将瓦斯压缩装罐，代替天然气和液化石油气用作汽车燃料和民用，市场前景十分广阔。煤层气这种新的洁净能源将成为石油、天然气强大的补充力量，用于工业或民用。并对煤矿安全生产、国民经济的发展和我国的新能源战略都有重要意义。

3. 焦炉煤气—醇醚燃料模式

（1）焦炉煤气制甲醇。生产煤基醇醚燃料（包括甲醇、二甲醚）是目前替代能源研究和发展的重点之一。甲醇可用作燃料（掺烧或全烧），还可转化为二甲醚。甲醇是汽油的理想替代燃料，并且具有利用率高及环保等优势，随着甲醇合成、精馏技术的发展，甲醇成本不断下降，替代汽油用作车用燃料已成发展方向之一。用焦炉煤气制甲醇先要将焦炉煤气转变为生产甲醇的合成气。

（2）焦炉煤气制二甲醚。二甲醚可以由甲醇脱水生成或用合成气（焦炉煤气）一步法制取。一步法制取又可分为气相法合成二甲醚、液相法合成二甲醚。

4. 乙炔化工和焦化副产品加工模式

（1）乙炔化工。从焦炭与生石灰反应生成电石，电石与水反应生成的乙炔出发，可以合成许多的有机化合物，主要有：①乙炔法代替乙烯氯化法生产聚氯乙烯。②乙炔法代替丁二烯法制造氯丁橡胶。③生产乙炔炭黑。乙炔在高温下，催化裂解生成炭黑。④生产纳米碳管。采用原位催化分解法，通过催化裂解乙炔可制备纳米碳管。

（2）焦化副产品加工。充分利用贫瘦煤、瘦煤、焦煤和气煤等资源发展焦化产业。通过对焦化副产品焦油和焦炉煤气进行精深加工，还可生产市场需要的各种高附加值化工产品。焦炉煤气用于合成甲醇或二甲醚。甲醇还可进一步衍生到MTG（甲醇制汽油）、MTO（甲醇制低碳烯烃）、MTP（甲醇制聚丙烯）、MTA（甲醇制芳烃）等。发展焦油加工和粗苯精制，可生产市场需求量大的工业萘、苯酚和苯、甲苯、二甲苯等石油化工所不能生产代替的重要化工原料。通过发展乙炔化工和焦化副产品加工，可以生产替代石油化工的许多产品。

第三节 鄱阳湖生态经济区服务业循环经济发展分析

一、鄱阳湖生态经济区服务业循环经济发展具备的优势

（一）交通纵横贯通，区位优势明显

鄱阳湖生态经济区位于长江中下游交接处的南岸，东邻浙江、福建，南连广东，西接湖南，北毗湖北、安徽。北控长江，上接武汉三镇，下通南京、上海，东南与沿海开放城市相邻近。目前，环鄱阳湖已形成航空、铁路、公路立体交通网络。京九铁路和浙赣铁路纵横贯通全境，已基本建成以福银高速、大广高速、杭瑞高速、济广高速为干线的"两横三纵"高速公路网，交通便利，地理位置优越。江西境内主要有5条河流：赣江、抚河、信江、修河、饶河，其中赣江全长751公里，自南而北流贯全省。鄱阳湖是全国最大的淡水湖，也是沟通省内外各地航道的中转站。

（二）旅游资源优势明显

鄱阳湖区域旅游资源丰富，分布有2个世界遗产、2个世界遗产提名地、2个世界地质公园、1处国际重点湿地、5个国家遗产、2个国家历史名城、5个中国优秀旅游城市、8个国家优秀风景区、22个国家级森林公园、1个中国旅游强县和2个江西省旅游强县。其中有"一湖"——中国最大的淡水湖鄱阳湖，"三山"——世界文化景观庐山、世界自然遗产三清山、世界地质公园龙虎山，"两城"——英雄城南昌、世界瓷都景德镇，"一村"——中国最美乡村婺源，资源品位高，特色突出，具有较高的知名度。江西省高品位的旅游资源主要集中在环鄱阳湖旅游圈，构成了集名山、名水、名城、名村于一体的黄金旅游路线。

（三）物流集群效应初现

江西物流发展软环境在不断改善，省政府先后出台了《关于加快我省现代物流发展若干意见的通知》、《江西省现代物流业"十一五"发展专项规

划》、《江西省物流业调整和振兴规划》等文件,各地市也相继出台了一系列扶持物流业发展的政策。各地的物流园都初具规模,如南昌的银燕物流基地、九江的城西物流中心、新余的天润物流园等。园区通过物流运营实体的集聚,减少货物的无效转运、装卸和处理流程,缩短了物流作业时间,大大提高了物流效率。

二、鄱阳湖生态经济区服务业循环经济发展存在的劣势

(一)市场经济运行机制不完善,行政管理色彩重

市场经济的本质是自由、平等与等价交换。一般来说,市场开放程度越高,产业发展就越快。但江西目前仍以国有经济为主体,市场化程度偏低,存在较高的行政性进入壁垒。2010年和2011年全社会固定资产投资中,国有企业为1710.99亿元和2096.11亿元,分别占全年全社会固定资产投资的25.8%和23.9%。

江西服务业存在行政管理色彩重,行业准入门槛高,行业垄断等现象。除去自然垄断行业,其他行业如金融业、保险业、电信业、信息媒体等,还基本处于垄断经营、管制经营、限制经营状态,影响了市场的公平竞争秩序,打击了企业进入的信心,阻碍了新技术新思路新创造的引进。

(二)过度倚重传统服务业,新兴行业未成主力

尽管人们在长期计划经济模式下形成的"重工农、轻服务,重生产、轻流通"的传统观念有了较大转变,但大多数人对服务业的理解仍停留在传统服务业上,如餐饮、住宿、零售、邮政等。从服务业内部结构看,传统服务业仍占较大比重,占服务业的56.84%。交通运输、仓储和邮政业及批发和零售业等传统服务业仍然是江西省服务业的支柱行业。虽然现代服务业持续增长,但还没有成为产业增长的主体。金融业、商务服务业的巨大潜力还未挖掘,科学研究、教育业、卫生福利业、文化业、水利环境管理业等为社会和经济发展提供持续动力的行业没有受到足够的重视。

(三)缺少龙头企业,企业总体规模偏小

江西的品牌企业、龙头企业数量少、辐射力小,对行业的发展没有起到应有的引领作用。2006年江西上市公司有24家,2011年上市公司增加到30家,5年间只增加了6家企业,增长了25%。2006年全国上市公司1434家,2011

年 2063 家,增长了 43.86%。可见,江西的上市公司只占到了全国的 1.45%,并且增速远远落后全国平均水平。2010 年江西星级饭店数是 227 家,而同期全国星级饭店是 14237 家,江西只占到 1.59%。从江西调查总队近年来对部分服务业抽样调查显示,江西服务业企业规模小、竞争力差、消亡率高,抗风险能力差。

三、鄱阳湖生态经济区服务业循环经济发展的机遇

(一)政策机遇助力现代服务业发展

国家的宏观政策支持现代服务业的快速发展,"十二五"规划纲要明确提出:"加快发展服务业。把推动服务业大发展作为产业结构优化升级的战略重点,建立公平、规范、透明的市场准入标准,探索适合新型服务业态发展的市场管理办法,调整税费和土地、水、电等要素价格政策,营造有利于服务业发展的政策和体制环境。大力发展生产性服务业和生活性服务业,积极发展旅游业。拓展服务业新领域,发展新业态,培育新热点,推进规模化、品牌化、网络化经营。推动特大城市形成以服务经济为主的产业结构。"

江西省委省政府出台了一系列服务业产业政策、发展思路和发展规划,对江西省现代服务业产业的快速健康发展和产业布局优化起到了积极作用。同时,在财政、税收、人才引进和产业配套等方面出台了积极的优惠政策,为现代服务业的发展创造了良好的条件。

(二)产业结构调整成为强大的内动力

按照工业化发展速度,人类社会分为前工业化、工业化和后工业化三个时期。国际上衡量工业化程度的经济指标之一是人均生产总值,人均生产总值达到 1000 美元为工业化初期阶段,人均生产总值达到 3000 美元为工业化中期,人均生产总值达到 5000 美元为工业化后期。江西 2011 年人均生产总值 21253 元,以当年的汇率换算,超过了 3000 美元,也就是说,江西目前处于工业化中期阶段,正在向工业化后期阶段过渡。这就意味着江西的工业部门增加值和就业人数在国民生产总值和全部劳动力比重开始下降,传统工业下降的趋势更为明显,服务业的增加值和就业人数呈现上升趋势。江西的产业结构正在逐步调整中,工业的迅猛发展积极推动了制造业与服务业的融合发展,为制造业提供支撑的生产性服务业的升级加快了经济发展方式的转变,进一步优化了经济

结构，江西的服务业尤其是现代服务业的发展迎来新的机遇。

（三）承接产业转移加速现代服务业发展

东部发达地区经过长期的经济高速发展，造成资源紧张、劳动力成本增加、土地稀缺等现象，不少企业为追求利益最大化，纷纷向中西部地区转移。同时，东部发达地区资本相对饱和，本地市场难以满足资本增值的需要，资本向外扩张的需求强烈。江西区位条件优越，资源环境承载能力较强，有良好的产业基础，具有承接全球和东部沿海地区产业转移的空间。近几年，江西坚持"对接长珠闽，融入全球化"的发展战略，紧紧抓住东部地区产业向中西部转移的难得机遇，积极承接东部地区产业转移，开放型经济发展取得了明显成效。

服务业也正从发达地区向后发达地区转移，服务外包日趋成为服务业转移的主要形式。服务外包产业是现代高端服务业的重要组成部分，具有信息技术承载度高、附加值大、资源消耗低等特点。承接服务外包对服务业发展和产业结构调整具有重要的推动作用，能够促进以制造业为主的经济向服务型经济升级，推动增长方式向集约化发展。承接服务外包产业，能够实现国际先进服务业逐步转移，从而优化利用外资的结构，更加适合城市经济的和谐发展。服务外包作为现代服务业的推动器，将创造大量的就业岗位，缓解社会尤其是大学生的就业压力。

四、鄱阳湖生态经济区服务业循环经济发展受到的威胁

（一）周边省份实力强大，竞争日趋激烈

基于服务业特别是现代服务业发展的重要意义和国内外服务业发展趋势，以及现代服务业低碳、环保、占用资源少、可持续发展等特点，各省市都纷纷出台相关促进政策，在发展服务业上加大投资、争取项目，这必然导致周边省份服务业的竞争不断加剧。江西是经济欠发达省份，与中部其他省份在硬件和软实力上相比都无明显优势。自然环境与江西类似的湖南、湖北、安徽，经济实力和综合实力都在江西之上。而随着交通网络的完善，运输条件的便利，各省之间快速通道的形成，竞争会更加严酷。

（二）高素质人才匮乏，行业发展受制约

现代服务业是知识密集型的产业，需要大量的高技能、高素质、实用型、复合型人才。而目前，江西省现代服务业从业人员整体素质不高，拥有专业特

长的技术人员和从事科学研究的服务人员非常短缺。2011年,江西省大专及以上学历者只有6.86%,而全国的平均水平是8.93%。人力资本是物质资本发挥作用的前提条件,是推动生产率提高和劳动者素质提升的催化剂,人力资本已成为经济增长的重要引擎。由于发达省份工资收入、劳动条件等方面比江西省更有吸引力,因而导致大量高端人才外流。尽管江西不断出台引进高层次人才的政策和措施,但江西还没有完善的人才评价体系和人才使用激励机制,常常导致人才引进来留不住。

综上所述,鄱阳湖生态经济区服务业循环经济SWOT矩阵如表4-16所示。

表4-16 鄱阳湖生态经济区服务业循环经济SWOT矩阵

优势	劣势
交通纵横贯通,区位优势明显 旅游资源优势明显 物流集群效应初现	市场经济运行机制不完善,行政管理色彩重 过度倚重传统服务业,新兴行业未成主力 缺少龙头企业,企业总体规模偏小
机会	威胁
政策机遇助力现代服务业发展 产业结构调整成为强大的内动力 承接产业转移加速现代服务业发展	周边省份实力强大,竞争日趋激烈 高素质人才匮乏,行业发展受制约

五、鄱阳湖生态经济区服务业循环经济综合评价

鄱阳湖生态经济区发展的循环节约型服务业有传统服务业(批发零售和住宿餐饮业、交通运输仓储和邮政业等)和现代服务业(生态旅游业、金融业、房地产业、信息服务业等)。服务业循环经济,就是在服务业生产、流通和消费等过程中进行的减量化、再利用、资源化(国际上简称"3R")。鉴于此,本书侧重于选取能够反映产业及社会发展、资源减量化、污染减排和循环利用的指标来构建鄱阳湖生态经济区服务业循环经济评价体系,然后对2006~2011年鄱阳湖生态经济区服务业循环经济进行综合评价,全面地揭示鄱

阳湖生态经济区服务业循环经济的现状。

(一) 鄱阳湖生态经济区服务业循环经济指标体系

由于服务业涉及诸多行业和领域,难以像工业、农业那样构建一套相对统一的评价指标体系,因此在构建服务业的指标体系时要综合考虑行业特征。服务业循环经济发展的评价指标是指根据一定的经济、社会、科技条件,在一定时期内规定的服务业循环经济发展必须达到的具体目标和水平。因此,依据循环经济的"3R"原则和清洁生产的基本理论,并根据研究区域服务业发展的实际情况,服务业循环经济发展的评价必须兼顾社会、经济和生态三方面,全面准确地反映服务业发展目标和方向。对鄱阳湖生态经济区服务业循环经济发展评价构建指标体系,根据"3R"原则和指标可得原则,构建了包括产业及社会发展、资源减量投入、资源再循环利用、污染减排四方面分类指标,具体单项指标如表4-17所示。

表4-17 鄱阳湖生态经济区服务业循环经济评价指标权重

分类指标(B)	指标权重(B)	单项指标(C)	C指标权重
产业及社会发展	0.169	C1 服务业产值比重	0.30
		C2 服务业占全部从业人数的比重	0.30
		C3 服务业从业人员人均产值	0.40
资源减量投入	0.226	C4 服务业单位产值能源消耗量	0.40
		C5 服务业单位产值煤炭消耗量	0.30
		C6 服务业单位产值电力消耗量	0.30
资源再循环利用	0.298	C7 城市生活污水回收利用率	0.25
		C8 单位服务业产值城市生活二氧化硫排放量	0.35
		C9 城市生活垃圾回收利用率	0.40
污染减排	0.307	C10 单位服务业产值污水排放量	0.30
		C11 单位服务业产值城市生活COD排放量	0.35
		C12 单位服务业产值城市生活烟尘排放量	0.35

(二) 数据来源和处理

根据上文构建的指标体系内容,测算2006~2011年鄱阳湖生态经济区服务业循环经济指标值,所需要的数据均来源于历年《江西统计年鉴》。

由于服务业循环经济发展评价的指标性质各不相同,而且取值范围也有很大的不同,导致数据之间缺乏相应的可比性。因此,本文采用参照值法对指标进行标准化处理,具体是以鄱阳湖生态经济区服务业循环经济发展的各项指标值为参照值,对不同时期服务业循环经济发展评价指标的原始数据进行量化处理。在指标标准化过程中,针对正作用指标和负作用指标分别采取了不同的标准化方法,以使结果更具有正向可比性。具体是:

对于正作用指标:$X'_{il}=X_{il}/X_i$。式中,X'_{il} 为标准化后某一指标的值;X_{il} 为某一指标的原始值;X_i 为2006年鄱阳湖生态经济区服务业循环经济发展的第 i 指标原始值。

对于负作用指标:$X'_{il}=X_i/X_{il}$。式中,X'_{il} 为标准化后某一指标的值;X_{il} 为某一指标的原始值;X_i 为2006年鄱阳湖生态经济区服务业循环经济发展第 i 指标原始值。

本文结合 Delphi 法,并采取层次分析法(AHP)对评价指标赋以权值,在确定权重的基础上,这里采用加权函数法对鄱阳湖生态经济区服务业循环经济发展进行评价,即:$S=\sum_{i=1}^{n}X_iW_i$。式中,X_i 为各单项指标的标准化值;W_i 为与各指标相对应的权重;S 为区域服务业循环经济发展评价的综合得分。

(三)评价结果和现状分析

利用上述方法,计算出鄱阳湖生态经济区服务业循环经济发展综合评价的结果,如表4-18、图4-6所示。

表4-18 鄱阳湖生态经济区服务业循环经济评价指标值

指标 年份	产业及社会发展	资源减量投入	资源再循环利用	污染减排	综合评价
2006	0.1690	0.2260	0.2980	0.3070	1
2007	0.2214	0.3138	0.3843	0.3637	1.2832
2008	0.1925	0.4259	0.4014	0.3337	1.3534
2009	0.1926	0.5643	0.4139	0.4762	1.6470
2010	0.2232	0.7859	0.4346	0.5799	2.0236
2011	0.2371	1.2495	0.6776	0.6776	3.0808

资料来源:《江西统计年鉴》(2006~2011)。

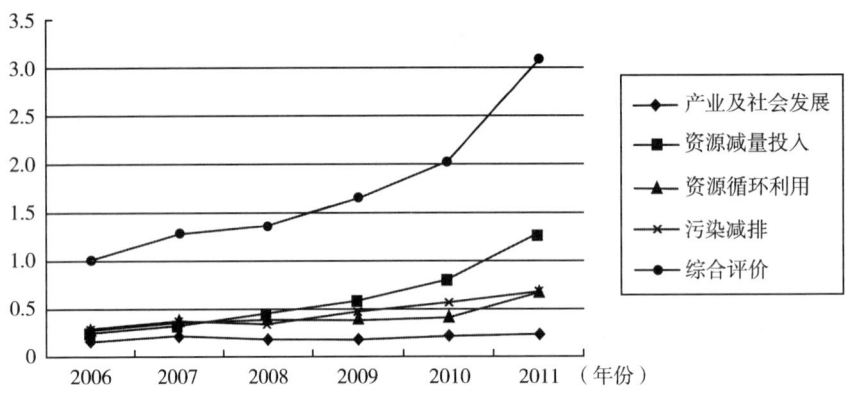

图4-6 鄱阳湖生态经济区服务业循环经济评价指标

2006年，江西省循环经济"十一五"规划实施以来，随着新一轮工业化和城市化的推进，鄱阳湖生态经济区按照循环经济发展战略，经济保持了快速、协调、健康的发展趋势。鄱阳湖生态经济区的服务业循环经济也取得了一定的发展，产业规模不断扩大，服务业比重逐年增加，地位和作用日益突出，整个服务业正朝着产业化、市场化、社会化、国际化方向发展。从图4-6中我们可以很清楚地发现从2006~2011年综合评价指数逐年提高，从2006年的1到2011年的3.0808，翻了3倍。由图4-6，我们发现产业及社会发展指数在2006~2011年整体趋势是上升的，但是2008年的指数低于2007年，本书认为，2008年金融危机对江西省服务业发展产生了负面影响，之后中国经济率先复苏，从指数中也可以得到验证，2008~2011年指数稳定上升。从表4-18和图4-6中可以很清楚地发现2006~2011年资源减量投入、资源再循环利用和污染减排水平逐年提高，从而得出服务业循环经济存在的问题具体如下：

（1）增加值比重低，整体水平落后。尽管循环经济发展水平逐年提高，但是整体水平还是比较低，服务业的发展与全国其他省份相比还有很大的差距。江西省整体经济发展水平不高，工业化进程缓慢，城市化水平低，对服务业的需求不足，影响服务业发展，影响循环经济在服务业的展开和推进。

（2）改革的力度不足。服务业中的一些行业特别是一些发展潜力较大的现代服务业存在着进入限制和垄断现象，抑制了外资和民间资本的进入，制约了现代服务业的健康发展和结构优化。现代服务业开放程度不太高，影响外资、民间资本的进入，影响社会资源的高效配置和优化利用，服务观念和服务

第四章 鄱阳湖生态经济区三次产业循环经济发展分析

方式的开放不够,还影响与国际服务业的接轨。

(3)静脉产业发展缓慢,绿色消费观念还未形成,培育静脉产业尚处于萌芽期,静脉产业发展相当缓慢。

(4)未充分发挥生态旅游业的潜力。

(5)现代物流业发展缓慢。

六、鄱阳湖生态经济区服务业循环经济模式分析

鄱阳湖生态经济区发展的循环节约型服务业有传统服务业(批发零售和住宿餐饮业、交通运输仓储和邮政业等)和现代服务业(生态旅游业、金融业、房地产业、信息服务业等),种类众多,最具代表意义的当属传统服务业的物流业与现代服务业的旅游业。鉴于此,本书重点分析物流业与旅游业的循环经济模式。

(一)物流业循环经济模式

物流业循环经济模式,是指从节省资源、保护环境的角度对物流体系进行改进,在物流过程中抑制物流对环境造成危害的同时,实现对物流环境的净化,使物流资源得到最充分利用,以形成资源循环、环境共生、生态友好型的物流系统,以降低对环境的污染、减少资源消耗为宗旨,利用先进的物流技术,规划和实施运输、储存、包装、装卸、流通加工等物流活动,追求环境与人类的和谐生存和协调发展。循环型物流系统改变原来经济发展与物流、消费生活与物流的单向作用关系,在抑制传统线型的物流资源消费对环境造成危害的同时,以可持续发展、生态经济学和生态伦理学为指导思想,采取与环境和谐共处的态度和全新理论,遵循"3R"原则,建立一个封闭的循环型物流系统,使得传统物流资源消耗减少、传统物流资源能够被重复利用、末端的废旧物流资源能回流到正常的物流过程中来,被重新加以利用(见图4-7)。

物流业循环经济模式的主要特征:通过设置新的评价标准,对现行的忽视环境资源价值的经济效益核算方法进行改革,来促使物流业的迅速发展。物流企业需进行物流流程的循环再造,主要包括运输装卸的及时安全性,保管加工的保质保鲜性,包装信息处理的健康、环保及在以上任何环节中产品的无损毁。因此,企业首先要选择绿色运输策略,实施联合一贯制的运输,提高"循环"运输工具的使用率,提倡电气化铁路运输,降低废气排放量。其次要

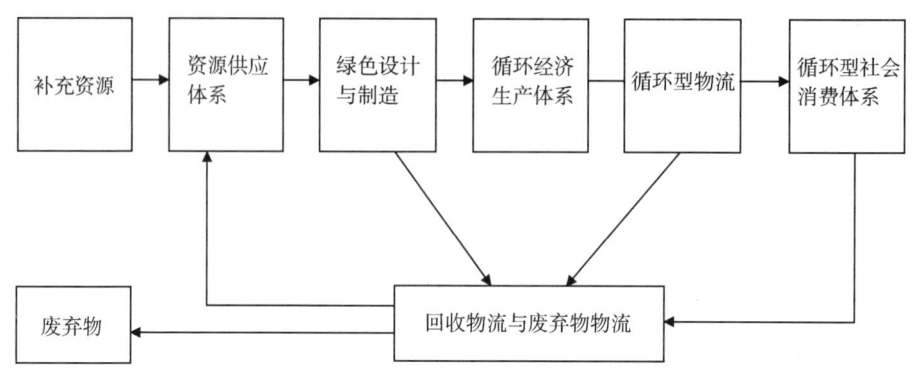

图 4-7 物流业循环经济模式

开展共同配送、减少污染及提倡绿色经营策略。从系统构筑的角度，建立废弃物的回收再利用系统。将自身的物流效率与供应链上的其他关联者协同起来，从整个供应链进行组织物流，最终在整个经济社会建立起包括生产商、批发商、零售商和消费者在内的循环物流系统。

发展物流业循环经济，就需要提高物流业社会化、专业化、信息化程度，按照循环经济的理念，建设生态物流园区，发展绿色物流。物流企业应：①选择绿色运输策略，实施"联合一贯制运输"，通过运输方式的转换，削减总行车量，包括转向铁路和航空运输。②保管方面，要保质保鲜、降低货损，减少对环境的不良影响，降低企业库存，降低物流成本。③加强企业绿色化建设，如使用绿色包装，即少耗材、可再用、可回收和可再循环；包装标准化，对进入物流领域的产品规定各种标准尺寸，积极开发新的包装材料和包装工具等。④开展绿色流通加工，做到两个集中：一是由分散加工转向专业集中加工，规模作业方式，提高资源利用率，减少环境污染；二是集中处理流通加工过程中产生的边角废料，减少废弃物污染。通过第三方物流的建立和对物流流程、环节及设施器械的技术创新、技术引进和技术改造，提高企业的营运能力和技术水平，最大限度地降低物流的能耗和货损，防止二次污染。⑤使用标准化的搬运工具和装卸工具，避免重复搬运装卸，减少不合理装卸，降低货损率。⑥开展共同配送，降低污染。共同配送不仅能够大大降低货流量和污染，有效缓解交通拥堵现象，提高货物运输效率，减少空载率，还有利于配送服务水平的提高。⑦加强对绿色信息的搜集和整理。物流不仅是商品空间的转移，也是对相关信息的搜集、整理、储存和利用。

（二）旅游业循环经济模式

旅游业循环经济模式是一种新兴的可持续发展的旅游发展模式，是一种促进"人与自然、人与人、人自身身心和谐"的旅游活动。它不仅给旅游者本身带来精神上的享受，还促进了旅游地本身的经济发展，提高了人民的生活水平，同时可在保护环境的前提下使旅游地资源环境贡献消耗比达到最优。循环型旅游业要充分考虑到旅游目的地的资源和环境容量，在最大限度地给旅游地带来经济效益的同时，实现旅游业经济发展生态化与绿色化，又要以保护旅游环境为目的，将旅游开发对当地造成的各种消极影响减小到最低程度。此外，循环型旅游业的目的地范围不仅局限于自然生态系统，还包括各种人文或综合性的系统。循环型旅游业除了强调保护环境以外，更注重从资源的循环利用、旅游过程清洁化的角度来发展。循环型旅游业的发展要求做到旅游地居民、旅游业的经营管理者和政府、社会组织广泛地参与旅游业发展的决策与管理过程，从而能够提高旅游业发展决策和管理的科学性、民主性，有利于地方经济和社会的发展。循环型旅游业是一种带有责任的旅游业，它不同于以往传统的旅游业，这些责任主要包括：对旅游资源的保护责任，旅游过程中清洁化的责任，旅游废弃物资源化的责任，对旅游业可持续发展的责任，尊重旅游目的地经济、社会、人文、环境并促进旅游目的地可持续发展的责任等。

旅游业循环经济模式，可以降低经营成本。循环型旅游业以"3R"原则为核心思想，强调最少地消耗能源和资源，这就要求有效降低经营成本，维护和改善生态环境。其操作思想是对旅游资源实行合理开发，尽可能地减少垃圾和废物对景区的污染，以维护和改善生态环境，延长景区的生命周期。适应旅游者绿色消费的需要。目前人们消费观念的"绿色趋向"就是意味着追求"生活质量和生态满足"。发展循环型旅游业正是迎合了这样的市场消费需求，增强旅游产品的国际竞争力。

旅游业循环经济模式，可以维护和提高环境质量，同时也可以提高内部环境管理水平，从而增强江西旅游业的国际竞争力，促进旅游业的可持续发展。循环型旅游业通过对景区生产和消费实行全过程控制和全周期的管理，从而全面预防所有对环境的消极影响。通过对各种资源的严格管理，保持良好的生态环境和生物的多样性，可以在保持和增强未来发展机会的同时，满足游客和旅游区居民的需求,最终实现旅游业的可持续发展。

总之,循环型旅游业是通过旅游资源、环境的保护获得适宜利润后,又再次通过资源的循环利用达到降低成本、创造新利润,使开发商、游客和社区居民获得更大的利益,同时环境问题也得到有效的保护,有利于旅游业的可持续发展。

旅游业循环经济模式的构建主要是:首先,从循环型旅游业开发设计的目标上看,它与传统的旅游资源开发相比,最大的差异就在于"资源保护和循环利用"上。循环型旅游资源开发以实现可持续发展为目标,其内涵有3个要点:第一是限制条件,即开发的限制性前提是保护旅游资源及其环境,开发必须限制在资源环境的承载力范围内;第二是综合效益,即开发的近期目标是经济、社会、生态环境三大效益的综合效益达到最大;第三是可持续效益,即开发的远期目标是获得持续的最大效益,这一效益既是可持续的又是整体最佳的。

其次,从旅游循环的开发过程来看,旅游业循环经济模式的开发是由规划、建设、管理、监测4个环节组成,整个开发过程呈现出一种循环反馈开发模式(见图4-8)。

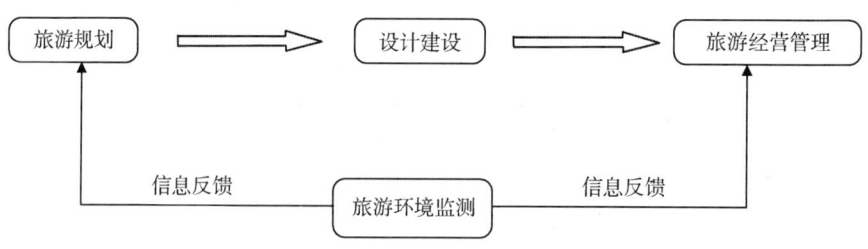

图4-8 旅游业循环经济模式

旅游业循环经济模式主要体现在环境监测环节,该环节是沟通规划、设计和管理的桥梁,它不断地向3个环节反馈信息。旅游地经过规划、设计并投入运行一段时间后,必将对环境带来一定的影响。这些问题通过环境监测反映出来并及时反馈,通过优化设计使得旅游地能够更加完善旅游景区清洁生产与可持续发展研究,同时暴露出来的问题也能够促使管理制度不断改进,这种通过信息的循环流动来调整和优化规划设计的管理方案,体现了循环经济的理念,同时从根本上实现了保护资源、可持续发展的目标。

最后,旅游业循环经济模式也需要建设评价的指标体系。一方面,该指标体系要以现有的各项统计制度和资料为基础;另一方面,该指标体系不是传统的经济、社会和环境等领域统计指标的简单照搬、相加和堆积,而是在原有指标的有机综合、提炼、升华和一定程度上的创新。

第五章 发展循环经济的载体
——生态工业园

生态工业园区是发展区域循环经济的有效载体，为区域经济结构、产业结构、产品结构调整提供发展空间。自江西省确立了以新型工业化为核心，依托工业园区生态化建设发展工业的思路以来，工业园区生态化建设取得了显著成效。鄱阳湖生态经济区成为江西首个国家战略的区域发展规划区，是江西经济发展过程中具有里程碑意义的标志事件。

鄱阳湖生态经济区内共有39个工业园区，占全省工业园区总数的41%左右，其中属于重点工业园区的共有18个。在总的工业园区中占有将近一半，而且从一组数据来看，2011年上半年，鄱阳湖生态经济区内39个工业园区招商引资签约资金达952.16亿元，其中亿元以上项目资金达759.82亿元，分别占全省园区总量的48.3%和55.4%。从招商资金实际到位情况看，2011年上半年，这39个工业园区招商引资实际到位资金达416.58亿元，占全省园区总量的58.9%①，这些数据从定量角度说明鄱阳湖生态经济区内工业园区在江西经济的地位和影响。

第一节 鄱阳湖生态经济区工业园生态化建设评价

本书采取多层次综合评价法，通过选取江西省鄱阳湖生态经济区内共18

---

① 资料来源：《江西统计年鉴2011》。

个重点工业园区作为评价研究对象。选取的22个实证指标分别是：人均工业增加值、工业增加值增长率、新入园项目投资强度、园区绿化覆盖率、建成区道路绿化率、植被复层率、公共绿地乔木拥有量、入园企业污水排放达标率、生活污水集中处理率、单位工业增加值COD排放量、单位工业增加值SO_2排放量、生活垃圾无害化处理率、危险废物处理处置率、单位工业增加值综合能耗、单位工业增加值新鲜水耗、单位工业增加值废水产生量、单位工业增加值固废产生量、工业重复用水率、工业固体废物综合利用率、生态工业信息平台的完善度、公众（周边社区）对园区生态环境的满意度、公众（职工）对生态工业的认知率，实证指标体系如表5-1所示。

表5-1 实证指标体系

目标层	准则层	代号	方案层	代号
鄱阳湖生态经济区工业园区生态化建设评价	经济发展	A	人均工业增加值	A1
			工业增加值增长率	A2
			新入园项目投资强度	A3
	园区绿化	B	园区绿化覆盖率	B1
			建成区道路绿化率	B2
			植被复层率	B3
			公共绿地乔木拥有量	B4
	污染控制	C	入园企业污水排放达标率	C1
			生活污水集中处理率	C2
			单位工业增加值COD排放量	C3
			单位工业增加值SO_2排放量	C4
			生活垃圾无害化处理率	C5
			危险废物处理处置率	C6
	物质减量与循环	D	单位工业增加值综合能耗	D1
			单位工业增加值新鲜水耗	D2
			单位工业增加值废水产生量	D3
			单位工业增加值固废产生量	D4
			工业重复用水率	D5
			工业固体废物综合利用率	D6
	园区管理	E	生态工业信息平台的完善度	E1
			公众（周边社区）对园区生态环境的满意度	E2
			公众（职工）对生态工业的认知率	E3

利用所选取的指标对2010年鄱阳湖生态经济区内的18个工业园区进行生态化建设评价，18个工业园区是：南昌昌东工业园区、江西南昌小蓝经济开发区、江西新建长埂工业园区、南昌经济技术开发区、南昌高新技术产业开发区、景德镇高新技术产业开发区、江西湖口金砂湾工业园区、江西瑞昌工业园区、九江经济技术开发区、新余高新技术产业开发区、江西鹰潭工业园区、江西贵溪工业园区、江西丰城工业园区、江西樟树工业园区、江西高安工业园区、江西抚州金巢经济开发区、江西广丰工业园区、江西横峰工业园区。数据主要来源于《江西统计年鉴》、江西环保厅（网站）、江西省中小企业局及各个工业园区的生态化建设规划实施方案，原始数据如表5-2所示。

表5-2 工业园区生态化建设评价数据矩阵

研究对象	A1	A2	A3	B1	B2	B3	B4	C1	C2	C3	C4
南昌昌东工业园区	36.60	34.80	80.00	34.00	90.00	35.00	4.00	80.00	90.00	1.08	0.26
江西南昌小蓝经济开发区	17.10	28.00	190.00	42.80	106.00	58.20	15.50	100.00	100.00	0.95	0.55
江西新建长埂工业园区	24.20	36.90	80.00	22.00	80.00	30.00	5.00	80.00	90.00	0.20	0.44
南昌经济技术开发区	26.70	25.10	185.00	41.50	80.00	58.00	10.70	80.00	90.00	0.78	1.05
南昌高新技术产业开发区	24.70	29.40	155.00	37.60	85.00	58.80	8.70	70.00	90.00	1.04	0.08
景德镇高新技术产业开发区	19.60	97.20	119.00	36.60	80.00	48.00	8.00	100.00	60.00	0.35	0.93
江西湖口金砂湾工业园区	27.80	92.40	200.00	28.00	95.00	45.00	6.00	100.00	0.00	0.95	1.83
江西瑞昌工业园区	41.20	16.50	61.20	40.00	80.00	53.00	7.00	100.00	100.00	0.46	0.52
九江经济技术开发区	14.10	35.20	48.50	40.00	85.00	42.00	4.50	100.00	75.00	1.04	0.72
新余高新技术产业开发区	31.40	46.80	44.10	45.30	78.00	30.00	2.00	70.00	50.00	0.05	1.05
江西鹰潭工业园区	25.00	21.90	256.00	39.00	65.00	60.00	7.55	100.00	71.00	0.29	0.14
江西贵溪工业园区	35.20	2.86	10.70	40.00	76.00	56.00	6.00	100.00	86.00	0.53	0.28
江西丰城工业园区	21.40	19.30	100.00	25.00	80.00	40.00	5.00	90.00	50.00	5.04	4.36
江西樟树工业园区	11.70	31.50	80.00	30.00	95.00	35.00	4.00	100.00	60.00	0.97	0.18
江西高安工业园区	14.00	35.90	105.00	32.00	90.00	40.00	4.00	60.00	40.00	1.00	7.70
江西抚州金巢经济开发区	17.80	58.00	122.00	38.00	110.00	48.60	10.00	100.00	80.00	0.91	0.20
江西广丰工业园区	19.30	32.80	10.00	35.00	100.00	45.00	5.00	100.00	86.00	46.00	1.60	1.35
江西横峰工业园区	25.40	29.60	174.00	35.00	85.00	42.00	4.00	95.00	90.00	1.26	1.19
研究对象	C5	C6	D1	D2	D3	D4	D5	D6	E1	E2	E3
南昌昌东工业园区	90.00	100.00	0.07	5.82	4.98	0.02	70.80	73.30	30.00	75.00	75.00
江西南昌小蓝经济开发区	100.00	100.00	0.37	10.50	9.43	0.04	77.50	96.60	40.00	90.00	100.00

续表

研究对象	C5	C6	D1	D2	D3	D4	D5	D6	E1	E2	E3
江西新建长埗工业园区	90.00	100.00	0.17	1.77	1.42	0.24	70.70	87.60	30.00	75.00	75.00
南昌经济技术开发区	100.00	100.00	0.36	10.30	8.22	0.19	77.50	86.70	100.00	100.00	100.00
南昌高新技术产业开发区	100.00	100.00	0.13	2.79	2.49	0.20	75.00	89.40	100.00	95.00	95.00
景德镇高新技术产业开发区	100.00	98.00	0.25	6.97	2.57	0	87.00	91.70	100.00	98.00	96.00
江西湖口金砂湾工业园区	35.00	100.00	0.41	27.30	21.00	0.11	92.00	98.20	35.00	70.00	45.00
江西瑞昌工业园区	100.00	100.00	0.11	5.80	4.00	0.02	71.90	90.00	25.00	99.00	97.00
九江经济技术开发区	100.00	100.00	1.70	2.70	2.20	0.17	20.00	99.00	20.00	85.00	80.00
新余高新技术产业开发区	80.00	90.00	0.72	2.20	1.20	0.16	7.30	99.00	40.00	78.00	85.00
江西鹰潭工业园区	100.00	100.00	0.11	6.34	5.07	0.01	88.00	100.00	10.00	95.00	95.00
江西贵溪工业园区	100.00	100.00	0.17	7.65	4.60	0.09	88.00	100.00	10.00	87.00	85.00
江西丰城工业园区	90.00	100.00	0.48	5.44	2.97	0.09	19.00	86.00	70.00	75.00	75.00
江西樟树工业园区	90.00	100.00	0.47	5.82	4.98	0.02	70.80	82.60	30.00	75.00	75.00
江西高安工业园区	85.00	90.00	0.72	6.00	10.70	0.30	45.20	62.00	65.00	70.00	75.00
江西抚州金巢经济开发区	100.00	100.00	0.36	8.27	7.96	0.08	65.00	87.00	85.00	92.00	95.00
江西广丰工业园区	96.00	92.00	1.26	15.00	14.00	0.50	40.00	73.00	56.00	79.00	86.00
江西横峰工业园区	80.00	76.00	1.39	13.80	0.12	0.12	36.00	67.00	40.00	84.00	86.00

资料来源：《江西统计年鉴》、江西环保厅（网站）、江西省中小企业局及各个工业园区的生态化建设规划实施方案。

一、数据处理

由于评价指标体系中的评价指标存在正向指标、负向指标，为了使各指标之间可以比较，以正确公平地反映出各个工业园区生态化建设水平，需要对数据进行统一的一致化处理，根据已建立的实证指标体系，其中单位工业增加值 COD 排放量 C3、单位工业增加值 SO_2 排放量 C4、单位工业增加值综合能耗 D1、单位工业增加值新鲜水耗 D2、单位工业增加值废水产生量 D3、单位工业增加值固废产生量 D4 为负向指标外，其他指标均为正向指标。对于正向指标采用公式（5.1）进行处理：

$$X'_i = \frac{X_i - \min_{i \in n} X_i}{\max_{i \in n} X_i - \min_{i \in n} X_i} \quad (i=1,2,\cdots,n) \tag{5.1}$$

对于负向指标用公式（5.2）处理：

$$X_i' = \frac{\max\limits_{i \in n} X_i - X_i}{\max\limits_{i \in n} X_i - \min\limits_{i \in n} X_i} \quad (i=1,2,\cdots,n) \tag{5.2}$$

本书采取数据规格化方法进行处理，经过规格化处理后，得到表5-3所示的规格化矩阵：

表5-3　工业园区生态化建设评价规格化矩阵

研究对象	A1	A2	A3	B1	B2	B3	B4	C1	C2	C3	C4
南昌昌东工业园区	0.84	0.34	0.28	0.70	0.71	0.29	0.15	0.50	0.90	0.79	0.98
江西南昌小蓝经济开发区	0.18	0.27	0.73	0.93	0.94	0.95	1	1	1	0.82	0.94
江西新建长堎工业园区	0.42	0.36	0.28	0.38	0.86	0.14	0.22	0.50	0.90	0.97	0.95
南昌经济技术开发区	0.51	0.24	0.71	0.90	0.93	0.94	0.64	1	1	0.85	0.87
南昌高新技术产业开发区	0.44	0.28	0.59	0.79	0.86	0.97	0.50	1	0.70	0.80	1
景德镇高新技术产业开发区	0.27	1	0.44	0.77	0.86	0.66	0.44	1	0.60	0.94	0.89
江西湖口金砂湾工业园区	0.55	0.95	0.77	0.54	0.86	0.57	0.30	1	0	0.82	0.77
江西瑞昌工业园区	1	0.14	0.21	0.86	0.57	0.80	0.37	1	1	0.92	0.94
九江经济技术开发区	0.08	0.34	0.16	0.86	0.64	0.49	0.19	0.50	0.75	0.80	0.92
新余高新技术产业开发区	0.67	0.47	0.14	1	0.54	0.14	0	0.25	0.50	1	0.87
江西鹰潭工业园区	0.45	0.20	1	0.83	0.36	1	0.41	1	0.71	0.95	0.99
江西贵溪工业园区	0.79	0	0	0.86	0.51	0.89	0.30	1	0.86	0.90	0.97
江西丰城工业园区	0.33	0.17	0.37	0	0	0	0	0.75	0.50	0	0.44
江西樟树工业园区	0	0.30	0.28	0.59	0.79	0.29	0.15	0.50	0.60	0.82	0.99
江西高安工业园区	0.08	0.35	0.39	0.64	0.71	0.43	0.15	0	0.40	0.81	0
江西抚州金巢经济开发区	0.21	0.58	0.46	0.80	1	0.67	0.59	1	0.80	0.83	0.98
江西广丰工业园区	0.26	0.32	0	0.72	0.86	0.57	0.22	0.65	0.46	0.69	0.83
江西横峰工业园区	0.46	0.28	0.67	0.72	0.64	0.49	0.15	0.88	0.90	0.76	0.85
研究对象	C5	C6	D1	D2	D3	D4	D5	D6	E1	E2	E3
南昌昌东工业园区	0.85	1	1	0.84	0.77	0.96	0.75	0.30	0.22	0.17	0.55
江西南昌小蓝经济开发区	1	1	0.82	0.66	0.55	0.92	0.83	0.91	0.33	0.67	1
江西新建长堎工业园区	0.85	1	0.94	1	0.94	0.52	0.75	0.67	0.22	0.17	0.55
南昌经济技术开发区	1	1	0.82	0.67	0.61	0.83	0.65	1	1	1	1
南昌高新技术产业开发区	1	1	0.96	0.96	0.89	0.60	0.80	0.72	1	0.83	0.91
景德镇高新技术产业开发区	1	0.92	0.89	0.80	0.88	0.99	0.94	0.78	1	0.93	0.93

续表

研究对象	C5	C6	D1	D2	D3	D4	D5	D6	E1	E2	E3
江西湖口金砂湾工业园区	0	1	0.79	0	0	0.78	1	0.95	0.28	0	0
江西瑞昌工业园区	1	1	0.98	0.84	0.81	0.96	0.76	0.74	0.17	0.97	0.95
九江经济技术开发区	1	1	0	0.96	0.90	0.66	0.15	0.97	0.11	0.50	0.64
新余高新技术产业开发区	0.69	0.58	0.60	0.98	0.95	0.68	0	0.97	0.33	0.27	0.73
江西鹰潭工业园区	1	1	0.98	0.82	0.76	0.99	0.95	1	0	0.83	0.91
江西贵溪工业园区	1	1	0.94	0.77	0.79	0.82	0.95	1	0	0.57	0.73
江西丰城工业园区	0.85	1	0.75	0.86	0.86	0.82	0.14	0.63	0.67	0.17	0.55
江西樟树工业园区	0.85	1	0.75	0.84	0.77	0.96	0.75	0.54	0.22	0.17	0.55
江西高安工业园区	0.77	0.79	0.60	0.83	0.49	0.40	0.45	0	0.61	0	0.551
江西抚州金巢经济开发区	1	1	0.82	0.75	0.62	0.83	0.68	0.66	0	0.73	0.91
江西广丰工业园区	0.94	0.67	0.27	0.48	0.34	0	0.39	0.29	0.51	0.30	0.75
江西横峰工业园区	0.69	0	0.19	0.53	1	0.76	0.34	0.13	0.33	0.47	0.75

二、指标体系权重计算

根据江西省对省级生态工业园区考核评价指标的设计，总共从经济发展（20%）、园区绿化（15%）、污染控制（35%）、物质减量与循环（25%）和园区管理（5%）五个方面及各自所占的权重利用层次分析法确定方案层指标集相对于最高层的总优先向量，建立鄱阳湖生态经济区工业园区生态化建设评价的递进层次结构模型，然后利用层次分析法对指标体系进行权重计算，可得到优先向量及一致性数据，计算结果如表5-4~表5-9所示。

表5-4　生态化建设评价一级指标权重分析结果

W	A	B	C	D	E	权重
A	1	3	3/4	5/4	8/9	0.249
B	1/3	1	3/2	6/7	6/5	0.168
C	4/3	2/3	1	7/6	3/4	0.186
D	4/5	7/6	6/7	1	3/2	0.207
E	9/8	5/6	4/3	2/3	1	0.189

注：$CI_W = 0.081$，$RI_W = 1.12$，$CR_W = 0.072$。

二级指标权重计算结果：

表 5-5 经济发展权重计算结果

WA	A1	A2	A3	权重
A1	1	1	3/2	0.365
A2	1	1	3/2	0.365
A3	2/3	2/3	1	0.269

注：$CI_A = 0.03$，$RI_A = 0.6$，$CR_A = 0.06$。

表 5-6 园区绿化权重计算结果

WB	B1	B2	B3	B4
B1	1	1/2	3	2
B2	2	1	3	1
B3	2/3	1/5	1	1

注：$CI_B = 0.048$，$RI_B = 0.9$，$CR_B = 0.053$。

表 5-7 污染控制权重计算结果

WC	C1	C2	C3	C4	C5	C6	权重
C1	1	2	5/4	1	9/5	1/2	0.196
C2	1/2	1	8/9	1/2	3	1	0.145
C3	4/5	9/8	1	4/5	3/2	2	0.193
C4	1	2	5/4	1	1	2	0.239
C5	5/9	1/3	2/3	1	1	3/2	0.105
C6	2	1	1/2	1/2	2/3	1	0.122

注：$CI_C = 0.121$，$RI_C = 1.24$，$CR_C = 0.098$。

表 5-8 物质减量与循环权重计算结果

WD	D1	D2	D3	D4	D5	D6	权重
D1	1	4/5	5/4	1	9/5	6/5	0.192
D2	5/4	1	8/9	1/2	3	1	0.18
D3	4/5	9/8	1	4/5	3/2	2	0.191

续表

WD	D1	D2	D3	D4	D5	D6	权重
D4	1	2	5/4	1	1	2	0.237
D5	5/9	1/3	2/3	1	1	3/2	0.104
D6	5/6	1	1/2	1/2	2/3	1	0.097

注：$CI_D = 0.075$，$RI_D = 1.24$，$CR_D = 0.06$。

表5-9　园区管理权重计算结果

WE	E1	E2	E3	权重
E1	1	1	3/2	0.365
E2	1	1	3/2	0.365
E3	2/3	2/3	1	0.269

注：$CI_E = 0.03$，$BI_E = 0.9$，$CR_E = 0.006$。

从表5-5~表5-9可以看出，$CR_W<0.1$且$CR_i<0.1$，$i = A$，B，C，D，E，满足一致性要求，从而计算方案层对目标层的合成权重（ω），运用APH专业软件计算总优先向量，结果如表5-10所示。

表5-10　方案层对目标层的合成权重

备选方案	代号	权重	备选方案	代号	权重
人均工业增加值	A1	0.365	生活垃圾无害化处理率	C5	0.105
工业增加值增长率	A2	0.365	危险废物处理处置率	C6	0.122
新入园项目投资强度	A3	0.269	单位工业增加值综合能耗	D1	0.192
园区绿化覆盖率	B1	0.311	单位工业增加值新鲜水耗	D2	0.180
建成区道路绿化率	B2	0.370	单位工业增加值废水产生量	D3	0.191
植被复层率	B3	0.120	单位工业增加值固废产生量	D4	0.237
公共绿地乔木拥有量	B4	0.199	工业重复用水率	D5	0.104
入园企业污水排放达标率	C1	0.196	工业固体废物综合利用率	D6	0.097
生活污水集中处理率	C2	0.145	生态工业信息平台的完善度	E1	0.365
单位工业增加值COD排放量	C3	0.193	公众（周边社区）对园区生态环境的满意度	E2	0.365
单位工业增加值SO_2排放量	C4	0.239	公众（职工）对生态工业的认知率	E3	0.269

计算方案层对目标层的一致性：

$$CI_W = (CI_A, CI_B, CI_C, CI_D, CI_E) \times \omega$$
$$= (0.03, 0.047, 0.121, 0.074, 0.082) \times (0.249, 0.168, 0.168, 0.207, 0.189)^T$$
$$= 0.062$$

$$RI_W = (RI_A, RI_B, RI_C, RI_D, RI_E) \times \omega$$
$$= (0.58, 0.9, 1.24, 1.24, 0.58) \times (0.249, 0.168, 0.168, 0.207, 0.189)^T$$
$$= 0.893$$

可见，$CR_W < 0.1$，满足整体一致性要求，因此，表 5-10 为在具有满意的一致性前提下方案层指标对目标层指标的总优先向量。

三、多层次综合评价分析

工业园区生态化建设评价是一个综合性的指标，其评价值由 29 个具体的指标（本书采用实证评价体系，共 22 个指标）综合得到一个相对数（本书均以 2010 年数据为例），反映参与评价的比较对象之间的强弱。本书主要采取层次分析法和多层次综合评价法结合的综合评价法，层次分析法是主观评价法，综合评价法是客观评价法，对于复杂对象及其具有系统性的综合评价对象，客观和主观评价有机结合使用，从而克服单一的主观或者客观评价方法的不足。

（一）准则层评价

根据多层次综合评价法，利用各工业园区的指标数据矩阵和层次分析法求出的权重之间的乘积来计算准则层的得分，并得出各工业园区的得分排名。从而可以得出各个园区之间各准则层指标的得分排名情况。

1. 经济发展指标分析

对三个属于经济发展的二级指标（A1，A2，A3）进行计算。利用公式：$W_A = (A1, A2, A3) \times \omega_A$ 计算各工业园区在经济发展指标的综合得分，结果如表 5-11 所示。

表 5-11 经济发展指标得分及排名

园区	得分	排名
南昌昌东工业园区	0.508	3

续表

园区	得分	排名
江西南昌小蓝经济开发区	0.360	12
江西新建长埂工业园区	0.363	11
南昌经济技术开发区	0.463	6
南昌高新技术产业开发区	0.422	9
景德镇高新技术产业开发区	0.582	2
江西湖口金砂湾工业园区	0.753	1
江西瑞昌工业园区	0.474	5
九江经济技术开发区	0.197	17
新余高新技术产业开发区	0.451	8
江西鹰潭工业园区	0.507	4
江西贵溪工业园区	0.291	13
江西丰城工业园区	0.281	14
江西樟树工业园区	0.187	18
江西高安工业园区	0.260	15
江西抚州金巢经济开发区	0.411	10
江西广丰工业园区	0.209	16
江西横峰工业园区	0.452	7

根据得分及排名结果可以看出：排名前四位的是江西湖口金砂湾工业园区、景德镇高新技术产业开发区、南昌昌东工业园区、江西鹰潭工业园区，说明这四个工业园区2010年在经济发展这一指标更加突出，这四个园区在2010年对于经济投入把握比较好，着力经济发展，使得经济成效明显；而江西高安工业园区、江西广丰工业园区、九江经济技术开发区、江西樟树工业园区得分排名靠后，这四个工业园区在2010年生态化建设中经济发展指标没有其他工业园区做得好，经济投入不足，资金来源和使用没到位导致经济成效不明显。

从具体指标来看，排名前四名的江西湖口金砂湾工业园区、景德镇高新技术产业开发区、南昌昌东工业园区、江西鹰潭工业园区在人均工业增加值的比值分别排名第五、第十二、第二、第八名，在工业增加值增长率的排名分别为第二、第一、第八、第十五名，在新入园项目投资强度上的比重分别为第二、第八、第十二、第一名。综合来看，三个指标都比较靠前的江西湖口金砂湾工业园区排名第一，其他三个园区有一个指标排名比较靠后；排名最后的四个工业园区在三个具体指标上的排名都很靠后，导致综合排名也靠后；经济建设指标是说明工业园区经济发展状况的，经济建设指标是工业园区生态化发展的前提和基础，经济建设指标的得分会直接影响到最终的综合得分，因此积极持续发展经济建设是必不可少的。

2. 园区绿化

对属于园区绿化指标的四个二级指标（B1，B2，B3，B4）进行得分计算，利用公式：$W_B = (B1, B2, B3, B4) \times \omega_B$ 计算各工业园区在园区绿化指标的综合得分，结果如表5-12所示。

表5-12 园区绿化指标得分及排名

园 区	得分	排名
南昌昌东工业园区	0.545	14
江西南昌小蓝经济开发区	0.951	1
江西新建长堎工业园区	0.494	17
南昌经济技术开发区	0.865	2
南昌高新技术产业开发区	0.779	4
景德镇高新技术产业开发区	0.723	5
江西湖口金砂湾工业园区	0.611	9
江西瑞昌工业园区	0.649	7
九江经济技术开发区	0.600	10
新余高新技术产业开发区	0.529	16
江西鹰潭工业园区	0.594	11
江西贵溪工业园区	0.623	8
江西丰城工业园区	0.449	18
江西樟树工业园区	0.538	15
江西高安工业园区	0.545	13
江西抚州金巢经济开发区	0.819	3
江西广丰工业园区	0.655	6
江西横峰工业园区	0.551	12

第五章 发展循环经济的载体——生态工业园

由表 5-12 可以看出，江西南昌小蓝经济开发区、南昌经济技术开发区、江西抚州金巢经济开发区、南昌高新技术产业开发区的得分排名前四，说明在这四个园区绿化方面比其他工业园区要做得好，在本年度对园林绿化建设的重视程度更大，投入人力物力资源相对来说更多，从而使得园林绿化更加显得有成效；江西樟树工业园区、新余高新技术产业开发区、江西新建长埫工业园区、江西丰城工业园区在园区绿化指标上排名靠后，说明这四个工业园区在绿化方面没有足够重视，投入不足。

从具体指标来看，江西南昌小蓝经济开发区在园区绿化覆盖率、建成区道路绿化率、植被复层率和公共绿地乔木拥有量的排名分别为第二、第二、第三和第一名，因此在园区绿化指标上众望所归排名第一；排名第二的南昌经济技术开发区在具体指标上得分排名分别为第三、第三、第四和第二名；排名第三、第四的江西抚州金巢经济开发区、南昌高新技术产业开发区在具体指标上的排名都比较靠前；而排名最后的几个工业园区由于在具体指标之间失衡，出现"蹩脚"现象，如新余高新技术产业开发区在园区绿化覆盖率排名第一，但是公共绿地乔木拥有量指标却排名倒数第一。

3. 污染控制指标

对属于污染控制指标的六个二级指标（C1，C2，C3，C4，C5，C6）进行计算，利用公式：$W_C = (C1, C2, C3, C4, C5, C6) \times \omega_C$ 计算各工业园区在污染控制指标的综合得分，结果如表 5-13 所示。

表 5-13 污染控制指标得分及排名

园 区	得分	排名
南昌昌东工业园区	0.826	10
江西南昌小蓝经济开发区	0.950	3
江西新建长埫工业园区	0.854	9
南昌经济技术开发区	0.941	5
南昌高新技术产业开发区	0.918	7
景德镇高新技术产业开发区	0.894	8
江西湖口金砂湾工业园区	0.660	16
江西瑞昌工业园区	0.970	1
九江经济技术开发区	0.807	11

续表

园 区	得分	排名
新余高新技术产业开发区	0.667	15
江西鹰潭工业园区	0.947	4
江西贵溪工业园区	0.955	2
江西丰城工业园区	0.535	17
江西樟树工业园区	0.789	12
江西高安工业园区	0.391	18
江西抚州金巢经济开发区	0.934	6
江西广丰工业园区	0.706	14
江西横峰工业园区	0.725	13

可以看出江西瑞昌工业园区、江西贵溪工业园区、江西南昌小蓝经济开发区、江西鹰潭工业园区在污染控制指标上排名靠前,污染控制指标包含的具体指标比较多,包括十个定性指标,只有各个方面都得到完善,指标达到要求,才能控制好这一指标,说明这四个工业园区对污染控制方面比其他工业园区做得要到位;而新余高新技术产业开发区、江西湖口金砂湾工业园区、江西丰城工业园区、江西高安工业园区排名靠后,对污染控制指标相对来说没有足够的重视。

从具体指标来看,所有工业园区对污染控制指标把关比较严,差别不大,只是少数园区在个别指标控制上不到位,排名最后的江西高安工业园区对入园企业污水排放达标率控制不够严格,排名最后。

4. 物质减量与循环指标

对属于物质减量与循环指标的六个二级指标（D1, D2, D3, D4, D5, D6）进行计算,利用公式:$W_D = (D1, D2, D3, D4, D5, D6) \times \omega_D$ 计算各工业园区在物质减量与循环指标的综合得分,结果如表5-14所示。

表5-14 物质减量与循环指标得分及排名

园 区	得分	排名
南昌昌东工业园区	0.824	5
江西南昌小蓝经济开发区	0.772	9

第五章 发展循环经济的载体——生态工业园

续表

园 区	得分	排名
江西新建长堎工业园区	0.805	7
南昌经济技术开发区	0.689	13
南昌高新技术产业开发区	0.822	6
景德镇高新技术产业开发区	0.891	2
江西湖口金砂湾工业园区	0.532	16
江西瑞昌工业园区	0.872	3
九江经济技术开发区	0.610	14
新余高新技术产业开发区	0.729	12
江西鹰潭工业园区	0.911	1
江西贵溪工业园区	0.859	4
江西丰城工业园区	0.732	11
江西樟树工业园区	0.800	8
江西高安工业园区	0.501	17
江西抚州金巢经济开发区	0.742	10
江西广丰工业园区	0.271	18
江西横峰工业园区	0.551	15

根据表 5-14 可知，排名前四位的园区分别是江西鹰潭工业园区、景德镇高新技术产业开发区、江西瑞昌工业园区和江西贵溪工业园区，而排名最后四位的园区分别是江西横峰工业园区、江西湖口金砂湾工业园区、江西高安工业园区和江西广丰工业园区。物质减量与循环的控制好坏在于基础设施有没有完善，对于循环系统的设计和配备是否先进，以及周边环境是否得到很好的重视和保养。排名最前的四个工业园区在物质减量与循环方面完善得更好，投入和重视得更多；反之，排名最后的园区亦然。

具体指标有六个，江西鹰潭工业园区在各个指标上得分排名分别为第二、第九、第十一、第二、第二和第一名，单位工业增加值废水产生量和单位工业增加值固废产生量排名分别为第九和第十一，虽然物质减量与循环指标总体排名第一，但是这两个方面仍有不足。排名靠后的四个工业园区都是在其中几个指标上出现了大的疏忽，没有控制到位，其中江西湖口金砂湾工业园区在单位工业增加值新鲜水耗和单位工业增加值废水产生量上排名倒数第一，江西高安工业园区在工业固体废物综合利用率排名倒数第一,江西广丰工业园区在单位工业增加值固废产生量排名倒数第一。

5. 园区管理指标

对属于园区管理指标的三个二级指标(E1,E2,E3)进行计算,利用公式:$W_E = (E1, E2, E3) \times \omega_E$ 计算各工业园区在园区管理指标的综合得分,结果如表5-15所示。

表5-15 园区管理指标得分及排名

园　　区	得分	排名
南昌昌东工业园区	0.289	15
江西南昌小蓝经济开发区	0.635	6
江西新建长埠工业园区	0.289	16
南昌经济技术开发区	1	1
南昌高新技术产业开发区	0.915	3
景德镇高新技术产业开发区	0.956	2
江西湖口金砂湾工业园区	0.101	18
江西瑞昌工业园区	0.669	5
九江经济技术开发区	0.395	13
新余高新技术产业开发区	0.415	11
江西鹰潭工业园区	0.549	7
江西贵溪工业园区	0.403	12
江西丰城工业园区	0.451	10
江西樟树工业园区	0.289	17
江西高安工业园区	0.370	14
江西抚州金巢经济开发区	0.878	4
江西广丰工业园区	0.497	8
江西横峰工业园区	0.493	9

根据表5-15可以得出,关于园区管理指标的建设,其中南昌经济技术开发区、景德镇高新技术产业开发区、南昌高新技术产业开发区、江西抚州金巢经济开发区相对比其他工业园区效果更明显,投入比较大,成效比较好;而南昌昌东工业园区、江西新建长埠工业园区、江西樟树工业园区、江西湖口金砂

湾工业园区在园区管理方面投入不够，得分比较少，排名靠后，园区内部管理没有跟上，导致园区管理不够重视。

从具体指标情况看，南昌经济技术开发区在三个指标上排名第一，说明南昌经济技术开发区在园区管理方面特别重视，具体工作落到实处；江西湖口金砂湾工业园区在三个具体指标上排名都是倒数，从而总排名倒数第一；其中生态工业信息平台的完善度做得比较好，对后面两个指标公众（周边社区）对园区生态环境的满意度和公众（职工）对生态工业的认知率是有一定带动作用的，但是它们相互之间是互补的。在具体指标上各个园区差异比较大，有些园区几乎没怎么在园区管理的具体指标上投入人力，如江西湖口金砂湾工业园区，几乎没有宣传和开展工业生态化建设方面的工作。

（二）目标层评价

通过计算准则层的综合得分，在准则层得分基础上，再利用综合评价法计算目标的总得分及各个工业园区得分排名。利用准则层对目标层的权重系数及准则层得分计算目标层的得分，利用公式：$W=(A，B，C，D，E)×\omega$ 求得各工业园区目标层得分及排名，结果如表5-16所示。

表5-16 目标层得分及排名

园　区	得分	排名
南昌昌东工业园区	0.555	9
江西南昌小蓝经济开发区	0.668	6
江西新建长埭工业园区	0.514	13
南昌经济技术开发区	0.735	2
南昌高新技术产业开发区	0.706	3
景德镇高新技术产业开发区	0.764	1
江西湖口金砂湾工业园区	0.519	11
江西瑞昌工业园区	0.676	5
九江经济技术开发区	0.465	15
新余高新技术产业开发区	0.522	10
江西鹰潭工业园区	0.652	7
江西贵溪工业园区	0.567	8
江西丰城工业园区	0.488	14
江西樟树工业园区	0.461	16

续表

园 区	得分	排名
江西高安工业园区	0.448	17
江西抚州金巢经济开发区	0.691	4
江西广丰工业园区	0.414	18
江西横峰工业园区	0.516	12

准则层及综合得分汇总如表 5-17 所示。

表 5-17 准则层及综合得分汇总

园 区	排名 A	排名 B	排名 C	排名 D	排名 E	排名 W
南昌昌东工业园区	3	14	10	5	15	9
江西南昌小蓝经济开发区	12	1	3	9	6	6
江西新建长堎工业园区	11	17	9	7	16	13
南昌经济技术开发区	6	2	5	13	1	2
南昌高新技术产业开发区	9	4	7	6	3	3
景德镇高新技术产业开发区	2	5	8	2	2	1
江西湖口金砂湾工业园区	1	9	16	16	18	11
江西瑞昌工业园区	5	7	1	3	5	5
九江经济技术开发区	17	10	11	14	13	15
新余高新技术产业开发区	8	16	15	12	11	10
江西鹰潭工业园区	4	11	4	1	7	7
江西贵溪工业园区	13	8	2	4	12	8
江西丰城工业园区	14	18	17	11	10	14
江西樟树工业园区	18	15	12	8	17	16
江西高安工业园区	15	13	18	17	14	17
江西抚州金巢经济开发区	10	3	6	10	4	4
江西广丰工业园区	16	6	14	18	8	18
江西横峰工业园区	7	12	13	15	9	12

从表 5-16 及表 5-17 可以看出，景德镇高新技术产业开发区、南昌经济技术开发区、南昌高新技术产业开发区排名靠前，说明这三个工业园区的生态化建设状况优于其他工业园区；而江西樟树工业园区、江西高安工业园区、江

西广丰工业园区最后的综合得分较低，排名靠后，说明本年度它们的生态化建设状况相对较差，所有方面没有协调管理好。

综合前面二级指标的分析，之所以景德镇高新技术产业开发区、南昌经济技术开发区、南昌高新技术产业开发区三个工业园区得分较高，是因为在五个准则层指标的得分都比较靠前，以景德镇高新技术产业开发区为例说明，在五个准则层分别排名第二、第五、第八、第二和第二。经济发展排名第二，园区生态化建设的基础比较牢固，而工业园区要发展，进行生态化建设，经济首先要得到保证，经济发展是工业园区生态化建设的前提保证；物质减量与循环排名第二，说明在重复利用可以利用的资源方面能力比较好，循环利用能力比较强；园区管理排名第二，说明在宏观调控角度来整体把握园区的综合情况，督促和监督园区各个方面做得比较到位，体现了园区产业方面的异质化水平比较好；在污染控制指标排名第八，位于中等以上水平，工业园区要进行生态化建设，污染控制指标是重中之重，因此，虽然景德镇高新技术产业开发区在综合排名第一，但是在最重要的污染控制指标上并没有做到更好。排名最后的江西广丰工业园区除了在园区绿化指标上得分排名第六之外，其他的指标得分排名都处于倒数位置。有些在个别方面做得比较好的园区，没有兼顾到其他方面，最终导致综合得分不高，其中江西湖口金砂湾工业园区经济发展指标排名第一，但是总排名只有第十一，主要是由于其他四个方面得分排名太靠后，导致最后总排名为第十一。

通过多层次综合评价分析，我们可以发现鄱阳湖生态经济区工业园区生态化建设需要统筹规划经济建设指标等五个指标，全面协调发展，不能忽视其中任何一个方面，生态化是一个整体，只有全面发展各个方面才能使得工业园区生态化建设的进程更加迅速、更加完善。本书通过构建综合评价体系，让评价对象之间进行比较，形成一种竞争合作机制，相互监督、相互促进。

第二节　基于循环经济的生态工业园构建的思路

通过查阅、分析和总结大量国内外生态工业园的建设研究成果，结合实际中生态工业园案例的调查与分析，生态工业园的构建主要包括企业（行业）整合、资源整合、生态产业链的设计和区域基础设施四个方面的内容，一个成熟的生态工业园的建设必须要满足上述四个方面的建设要求。

首先拿企业（行业）整合来讲，从本质上而言它是生态工业园的物质基础，是整个生态工业园区生态工业系统的表现模式之一。其次是资源整合，它包括三个方面，即集成层次、集成途径与集成技术。集成层次指的是在以下三个层次上完成的集成，即企业内部、企业之间和园区内外；集成途径是园区的能源、物质、水和信息这四个方面的集成；集成技术指的是实现集成的具体技术，是完成集成的基础保证。再次是生态产业链的设计，它是生态工业园进行规划建设和构建的关键性环节，是生态工业园的核心内容，一般而言，一个生态工业园区经过成功的企业整合和资源整合后的必然结果就是生态产业链的设计。最后是区域基础设施为园区的生态网络的形成提供了保障和支持[1]。

生态工业园区的系统规划框架如图 5-1 所示。

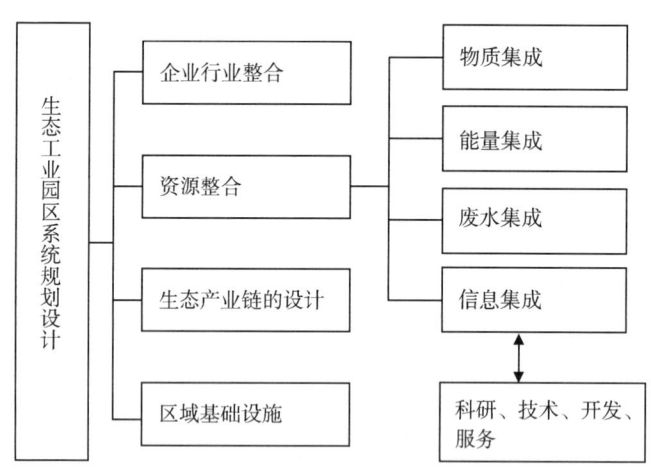

图 5-1　生态工业园区系统规划框架

---

[1] 肖慧. 基于循环经济的生态工业园建设研究 [D]. 重庆：重庆大学硕士学位论文，2012.

一、企业（行业）整合

一个生态园区内企业（行业）整合设计的关键点是根据园区现状的调查和分析，找准与园区相匹配的企业或行业。它具体的含义即在园区入驻的企业或者在园区外的企业中找出这样的企业，该企业有可能与园区形成废物流动的关系，随后对其进行设计改造，改造的过程中要考虑企业在规模、产业类别、地理位置等方面是否与园区相匹配，经过改造方案的实施后使之能充分利用生态工业系统各过程之中的物质、能量及信息等资源。

具体设计步骤上，首先是根据当地政府或园区管委会等相关部门对园区的规划和定位上确定出园区的主导产业类型，从而进一步设计出各个主导产业的核心企业（类似自然生态系统中存在的"优势种群"）；其次是围绕设计出的核心企业成员配套出一系列与之相匹配能形成产业链或延伸产业链的企业；最后是园区内企业形成协作互补的关系，如园区中的下游企业把上游企业产生的副产品或废热能、废水、固体废弃物、废气等作为自身的生产原料，并在企业间逐级递演，由此协作互助的关系便建立起来。在园区整个工业群体的运行之中，核心企业始终起着关键性的作用，具有显著的导向作用。

对于成功的生态工业园区的建设来说，需明确该区域内的优势资源、优势产业及多类别产业的构成，并且以优势资源与优势产业作为园区生态建设核心，使其成为产业链构建的出发点，并以此作为基础将其他类别产业与它相链接，从而构成生态工业网络体系。

二、资源整合

资源整合的生态工业思想具体体现在三个层次上，即企业内部、企业间及园区内外。在企业内部，重点推广清洁生产，最小化企业内的污染排放及最大化企业内的资源利用；在企业间，通过梯级或者多级利用、资源化等技术构建生态产业链，使得各企业的物质、能量与信息得到充分的交换与高效的利用，从而达到环境和经济的双赢；在园区内外，利用物质的供求信息构建虚拟的生态园区，在更大的范围内实现企业之间的物质交换，并拓展扩大生态工业群落空间，使得园区环境与经济的发展相辅相成。

(一) 物质集成及其技术

生态园区的物质集成从循环经济理念方面来理解，在园区内建立企业群落，通过园区信息共享分析得出园区上下游企业的物流供给和需求关系，在此基础上规划设计出园区企业物质流动的方向、数量与质量，最终运用过程集成技术对物流流程进行集成组合并构建园区的生态网链。完成物质集成技术的途径主要是通过减量化、再利用及资源化三个层次来实现，它的实质是清洁生产技术的应用。

(二) 能量集成及其技术

能量的集成主要是通过设计能源的梯级利用流程来实现，它设计的依据是要根据企业生产过程中的不同生产工艺的用能质量要求，尽可能依托园区所处的自然区位优势，最大限度地使用太阳能、风能、生物能及水能等清洁能源；同时，也可采用热电联产集中供能以提高效率。但对于没有自然区位优势的园区，就无法使用太阳能、风能等清洁能源，可以考虑热电联产集中供能。总之，其主要的目的是降低能源消耗，并能达到能源的合理利用。

能量集成的技术有以下四类：①减少能源消耗：主要是指通过采用节能的新的技术、工艺及设备等，对余热进行回收利用，把能源损耗降到最低；②能源的梯级利用：不管是一次能源还是余能资源，均按其品位逐级加以利用；③集中供热；④加大研究力度，尽早研究出可投入使用的可再生能源和清洁能源。

(三) 废水集成及其技术

废水集成的实质是物质集成的一部分，但由于它在园区能源综合利用上的重要性我们单独把它列出来，进行有针对性的说明。从实质上讲，废水集成的目的就是在园区内减少各企业新鲜水的使用，由此在整个园区内达到新鲜水消耗量最低，同时减少园区废水的产生量和污染物的排放量。工业用水分为以下五个等级：超纯水、非离子水、饮用水、洗涤用水及灌溉用水。在生态工业园内可通过构建的生态产业链形成水资源循环利用系统，通过对水资源的循环利用和梯级利用，可最大程度上降低水资源的消耗并提高水的利用率。由于其处理方法独特，故而单独提出。

常见的废水集成技术有以下五类：①提升对工业用水的循环利用效率；②采用先进的生产工艺，减少其中水消耗；③逐级用水，对水进行梯级利用，达到一水多用；④中水回用；⑤分散式处理和集中式处理相结合等。

（四）信息集成及其技术

园区的信息集成包括信息共享和公共设施共享两个方面。所谓信息集成就是通过利用先进的信息技术系统地管理生态工业园区内的各种信息，并建立完备的信息数据库、电脑网络与商务系统，同时进行有效的集成，从而能充分发挥信息在园区运行中，在与外界信息交流中、管理中和长远发展规划中起到多重作用。信息的建立过程是相当复杂的，但是对于一个成功的生态工业园而言信息的作用是非常重要的，在生态园区信息集成环节要注意信息多样性与动态性。信息集成应与园区建立起来的信息平台紧密联系，力争在园区内把管理层面与技术层面合理有机地结合，从而保障园区能够顺利建设，建设完成后能正常运作。

三、生态产业链的设计

根据产业结构理论，产业链就是以市场前景比较好、科技含量比较高、产业关联度比较强的优势企业和优势产品为链核，以产品技术为联系，以资本为纽带，上下连接向下延伸，前后联系形成的链条。将单个企业的优势进一步转化为产业和区域的整体优势，并且形成其核心竞争力。我们所研究的生态产业链，即是在相关联的产业环节中充分地发挥其资源的潜在效应，创造最大的环境和经济效益。

生态产业链的设计是在完成园区企业（行业）整合和资源整合之后的环节，它是园区内各企业在经过系统集中的过程后相互之间发生联系进而形成多条产业链或一个产业网络，由此构建出生态工业体系。这个体系类似于自然生态系统，因此，一个完整的生态产业链应该包括"生产者企业"、"消费者企业"与"分解者企业"。而且，在设计生态产业链时，要依据食物链理论对区域内现存企业的物质流、能量流、水流及信息流进行重新集成，依据物质、能量、水、信息流动的规律和各成员间在类别、规模、方位上是否匹配，进而在各企业部门之间构筑生态产业链，横向进行产品供应、副产品交换，纵向连接第二、第三产业，形成工业"食物网"，实现物质、能量和信息的交换，完善资源利用与物质循环，建立生态工业系统。

此外，也可同时引进市场上新的产品、新的技术等，从而使原有的生态产业链得以延伸,并逐步强大稳定,进而形成新的经济增长点,从整体上提高生态园区的竞争力。

(一) 主导产业链优选

在设计一个生态工业园的生态产业链时,首先要做的就是根据园区现状调查和分析及做相应的规划等找准园区的主导产业,由此设计出主导产业链,从主导产业链挑选出"关键种企业"。所谓"关键种企业"就是指能在整个企业群落系统中凭借出色的生态衍生能力,策动、主导和控制着整个群落系统内企业间的工业废料、副产品交换活动,对构建群落工业共生体及维护整个共生体的稳定性起着关键作用的企业。

工业园区和企业的核心链条是主导产业链,它维系着整个园区和企业生态产业链的稳定与发展。因此,生态工业园区的稳定发展依靠着主导生态产业链的核心作用。

(二) 引入补链企业

生态园区主导产业的核心企业对于生态工业园的良好运行起着主导性的作用。以核心企业为"优势种"形成主导生态产业链后,以其副产品与废物作为突破点,将主导产业链产生的副产品和废物等作为补链企业的生产原料,针对性地引入补链企业,以此延伸主导产业链并构建生态产业链。

园区引入补链企业是延伸主导产业链和壮大园区实力重要的举措,但在引进时要注意其生产规模、类型等应与其产业对接的企业相匹配,并且能够与之建立起长期的合作关系。同时,补链企业为了更好地满足其对接企业需求,需多渠道供应原材料,从而保障生产需求和生态产业链的稳定。

丰富工业系统的多样性,需发展关键补链项目与创建资源回收型企业,这可以增加工业生态系统的稳定,并且提高区域产业整体实力和竞争能力。

四、区域基础设施

园区应当建立现代化集成式基础设施,为园区内的物质流、能量流、价值流、信息流及人员流提供支持。支持系统包括以下五个系统:道路交通系统、高技术孵化系统、信息网络及通讯传输系统;原材料、水电、天然气及其他燃料的供给系统;三废的回收利用与安全处置系统;商业、金融、生活等服务系统；各类防灾减灾系统等①。

（一）坚持稳抓经济，确保园区生态化建设的基础

工业园区要发展，进行生态化建设，经济首先要得到保证，经济建设是工业园区生态化建设的前提保证。工业园区的创收能力，以及吸收外来资金的强度都标志着工业园区的活力，是生态化的前提条件，对生态化建设成效产生重要的影响。因此鄱阳湖生态经济区工业园区的经济建设能力是其进行生态化建设中最基础的，但也是最重要的。各个工业园区根据其自己产业集群和已有的资源，以周边城市为依托，以发展经济总量为前提，加快园区工业发展速度，适应市场竞争和产业升级需要，同时开创新的财源，不断壮大自身经济实力，把工业园区生态化建设成为经济发展的带动纽带，成为经济的核心；不断调整经济结构，把园区内人口结构、产业结构与城镇建设结合起来，起到以园区为核心，企业向园区集中，人口向城镇集中，引导和促进各种要素向园区及附近城镇聚拢，充分发挥经济发展的带动作用。

（二）完善园区绿化，促进园区绿色环境建设与改造

根据园区绿化的相关要求，加强园区绿化方面的人力、物力的投入，把绿化当成园区外在形象来管理，加强管理及相关配套设施的完善，不断优化园区环境，从感观上带动园区提升，从源头上控制污染来源，保证绿化环境，提高环境质量，实现园区环境改善与经济发展的"双赢"。抓住生态工业园区建设的本质要求，较好地贯彻了生态工业、清洁生产、循环经济的理念，基本突出了园区及所在区域的优势和特点，从总体上统筹规划，合理分配自有的资源，在保持工业园区经济发展势头基础上，加快建设资源节约型、环境友好型园区。根据工业园区的本身特色促进经济发展方式转变、提高资源利用效率。

园区通过上述道路交通系统、高技术孵化系统、信息网络及通信传输系统等支持系统的良性运作可实现对公共设施系统的统一规划，并且降低园区的资源损耗与环境污染。与此同时，园区应制定严格的景观规划与绿色覆盖的方案，对于园区生产、生活过程中产生的各种污染与废弃物，都需按照自身特点进行专业的处理。同时，建立娱乐功能和生产功能相协调的多功能园区绿色景观，实现园区生态系统的良性循环。

---

① 刘永清.基于循环经济的生态工业园区构建研究［J］.科技进步与对策，2009（5）.

第六章 鄱阳湖生态经济区循环经济发展的对策建议

第一节 着力构建鄱阳湖生态经济区生态产业体系

以科学发展观为指导，按照国家主体功能区的划分，对鄱阳湖生态经济区产业进行合理布局，在鄱阳湖核心区及周边的庐山、三清山、龙虎山、龟峰、瑶里等国家级自然保护区组成的禁止开发区，主要发展生态旅游、生态农业、生态文化。在五河沿岸2~3千米和鄱阳湖湖岸3千米滨湖12县（区）范围内组成的限制开发区，主要发展生态旅游、生态文化、生态工业、生态服务业。南昌、九江、景德镇、上饶、鹰潭、抚州等区域中心城市为优化开发区，南昌作为特大城市，应强化金融、商业、物流、工业、旅游功能，集聚发展现代服务业、高新技术产业和都市型工业，建设成为中部地区的商贸中心、金融中心、工业中心、物流中心、旅游中心。九江、景德镇、上饶、鹰潭、抚州要定位于大城市，走新型工业化道路，大力发展汽车、医药、电子信息、食品、石化、造船、有色金属、旅游等产业。上述之外的其他地区为重大开发区，要依托资源条件和产业发展基础，发展特色农业、生态工业，大力发展农业产业化项目及与农业产业化结合的生态友好型产业，发展生态工业园区。

一、建立基于地理区域与经济区域的生态产业体系

（一）建立基于地理区域的生态产业体系

根据鄱阳湖区域自然地理地貌特征，以自然资源要素和环境容量禀赋程度

第六章 鄱阳湖生态经济区循环经济发展的对策建议

为依据，以现有产业为基础，同时参考《江西省产业发展十大主攻方向》所确定的重点产业和重大项目，构建三大亚区域产业体系。

1. 丘陵（山地）高效生态产业体系

充分利用区域内丰富的山地资源，大力发展森林培植业、特色茶业、优质林果业生产基地，使其成为鄱阳湖生态经济区生态保护屏障和生态林果产品生产基地。

（1）以培植森林资源为主的营林业生态产业体系：实施天然阔叶林保护工程、生态防护林体系建设工程，带动区域内森林资源培育、高效综合利用产业发展。

（2）以培育燃料油植物、光皮树、油桐为主要树种的能源林苗木繁育、营造与种子采收、储藏、经营运输一体化的产业基地。

（3）以有机茶产品为主导的山地茶叶种植、采集、加工一体化产业基地。

（4）以森林公园和自然保护区为载体的山区生态旅游与休闲服务产业。以项目带动山区生态旅游和休闲产业的发展，在提升现有生态旅游项目水平的基础上，重点推进庐山西海度假基地建设、武功山景区整体开发项目、万年县神农源风景区开发项目、鹰潭上清国家森林公园圣井山景区开发项目。

2. 盆地（平原）高效生态产业体系

充分利用平原地区丰富的农业资源、交通、技术和劳动力资源优势，依托良好的产业基础，大力发展生态农业、生态工业和生态服务业，将平原区域建设成为鄱阳湖生态农业园、生态工业园和生态服务园。

（1）高效生态农业产业体系（农、牧、渔生态产业）：特色种植业基地、特色养殖业基地、特色林果业基地、高效工业原料林（生物质柴油植物）产业基地、观光农业基地。同时依托农业资源优势延伸高效农业产品加工产业，重点建设农产品精深加工产业基地，重点以现有名、特、优农产品为原料，实施一批重点产业项目，以重点产业项目带动生态农业基地建设。依托江西畜禽养殖建设系列肉制品深加工产品项目、依托江西柑橘种植建设蜜橘饮料系列产品深加工项目、依托赣南脐橙种植的橙汁饮料深加工项目、依托能源林和非粮食农作物的燃料乙醇生产基地。

（2）新型工业产业体系（主导产业）：按照技术水平高、产业基础好、市场前景广、带动能力强的原则，将重点发展新能源产业、光电产业、高精铜材、优特钢材、特种车船、精密机械、生物医药、特色化工产业为鄱阳湖生态工业产业体系构建的主攻方向，并将其培育成为江西省新型工业化和现代化的支撑产业集群；同时积极培植现代建筑和建材产业，以环鄱阳湖生态经济区的水利、交通和能源基础设施建设大发展为契机，大力发展建筑行业和大型建材生产、集散基地。

（3）新型服务业体系：以南昌市为辐射中心，大力构建信息业、物流服务业为主要内容的生态服务产业体系，重点推进南昌信息产业基地项目建设、数字内容服务平台建设、网络游戏平台建设、动漫产业基地建设等信息服务产业，以及昌北国际航空港物流枢纽为主导的区域物流服务中心。

3. 湖泊（水面）高效生态产业体系

在湖泊周边区域着力打造以风景旅游、休闲和绿色生态资源产业为重点的生物生态产业园。

（1）以候鸟观赏和山水景观感受为主的自然保护区特色生态旅游产业，重点实施鄱阳湖旅游景区开发项目，在鄱阳湖若干重点景区规划建设综合性度假观光休闲基地。

（2）以湖泊淡水养殖（螃蟹、珍珠、珍贵鱼虾等）为主的特色高效生态养殖产业基地。

（3）以湖泊水生植物（藜蒿）为主的特色蔬菜产业基地。

（4）以湖泊水生植物芦苇为主的工业原料产业基地。

（二）建立基于经济区域的生态产业体系

以鄱阳湖区域经济地理区位为依据，充分发挥区域内不同梯次城市对产业发展的带动作用，设计鄱阳湖区域生态产业体系的空间布局，分别以中心城市（地级城市）、亚中心城市（县城或县级城市）、乡镇等人口集聚区为单元，在三个层次上构造工业、服务业和农业生态产业体系。

1. 中心城市生态产业体系

以南昌和九江两个城市为核心，以鹰潭、上饶、景德镇和抚州四个城市为骨干，重点发展技术（智力）和资金密集型的工业和服务业为主导的生态产业体系。

2. 亚中心城市生态产业体系

以县城为中心，重点发展劳动密集型和资金密集型的原料加工和制造业为主导的生态工业产业体系。积极发展以观光旅游、休闲娱乐和特色餐饮业为主导的生态服务产业体系。

3. 乡镇所在地生态产业体系

以乡镇所在地和传统农业集贸市场为依托，重点发展以特色农、林、牧、渔产品生产、加工和集散为主导的生态农业产业体系。

(三) 鄱阳湖生态经济区域传统产业体系的生态重构

运用循环经济理念，采取延长产业链与链条闭合等技术方式改造、提升区域内现有企业，重点是改造升级区域内高能耗、高污染排放的企业和产业，通过降耗提效，大力调整传统不合理的产业结构，全面优化布局，并与新构建的生态产业体系形成网络互补和相互支撑。

"水"是鄱阳湖生态经济区的灵魂，鄱阳湖水质量状况是衡量生态产业体系构建和运行质量的根本指标。鄱阳湖生态经济区建设将遵循"鄱阳湖生态经济区"划分为禁止开发区、限制开发区、优化开发区和重点开发区的总体思路，以水、土环境保护为中心，探索鄱阳湖区域内三次产业的具体空间布局，重点是对存在潜在环境污染和生态破坏的工业、农业产业的空间布局给出合理安排和规划。同时充分考虑交通干线、港口码头对产业集聚的影响及产业布局等因素，按照"点、线、面"三个层次构建鄱阳湖区域产业布局。

以循环经济理念规划设计"生态产业园"（包括生态工业园、生态农业园、生态信息园），并将其作为新型生态产业组织和集聚的主要形式，发挥产业园的产业集聚功能，以产业园带动生态产业体系的形成和发展。

二、因地制宜地选择开发主导支柱产业

循环经济建设的推进，必须立足实际，依托当地的资源和经济发展基础，因地制宜地选择开发重点。按照鄱阳湖生态经济区的功能分区定位和《工业园区产业导向目录》，应调整产业结构，提高工业行业准入门槛；应重点发展环保生态、新能源、新材料等产业；应鼓励低耗能、高效益、技术含量高的产业集群发展壮大；应控制新上产能过剩项目，抑制与生态工业无关的产业盲目扩张，防止盲目投资和重复建设。一方面建立准入标准机制，对区内不同区域的项目实行不同的占地、耗能、耗水、资源回收率、资源综合利用率、"三废"排放等强制性标准；另一方面建立市场退出机制，对滨湖地区、五河源

头不符合功能定位的产业，通过设备折旧补贴、设备贷款担保、迁移补贴、土地置换等手段，鼓励异地拆扩建淘汰落后生产，促进产业向环湖地区转移。通过市场准入和退出机制，发展现代制造业和高新技术产业，增强吸纳产业转移和自主创新能力，促进项目产业的集聚；引导滨湖地区、五河源头发展特色产业、生态产业；限制不符合生态功能的产业扩张。

对于传统工业，应通过高科技和先进工艺进行改造和提升，严格限制高能耗、高污染的经济发展，防止产业园区的雷同和重复建设，淘汰和限制能耗高、污染重、物耗高的工艺、技术和设备。要加快运用高技术和先进适用技术进行改造提升，依托永修星火有机硅基地、樟树和新干盐化工基地，重点发展有机硅深加工产业，积极培育盐化工、氟盐化工产业链；依托纺织服装特色工业园，积极承接产业转移，培育自主品牌，振兴南昌、九江、抚州三个纺织工业基地；加快发展绿色、智能型家电，建设南昌家电制造、出口基地。探索实施传统产业信息化工程和产业链的延伸，打造特色鲜明、创新力强、聚集度高的专业园区，这对于降低企业成本、增强产业竞争力，促进企业"抱团式"发展具有十分重要的意义。

对于高技术产业，要加强信息技术、生物技术、现代管理技术与制造业的融合，按照环境友好、集群发展的要求，重点发展电子信息、生物、航空、新能源和新材料等产业。大力发展新能源产品，加快高纯硅材料、薄膜太阳能电池、光伏电池及组件产业技术的升级，通过加强科研开发，提升产业层次，延长产业链条，扩大产业规模。重点推进南昌半导体照明工程产业化基地、南昌生物产业高技术产业基地、南昌高新技术产业基地、南昌航空高技术产业基地、鹰潭国家级铜产业基地、新余国家级硅材料及光伏应用产业化基地、宜春锂电新能源产业基地和景德镇航空产业基地建设。

三、加快发展节能环保产业

当前，要围绕市场应用广、节能减排潜力大、需求拉动效应明显的重点领域，加快相关技术装备的研发、推广和产业化，带动节能环保产业发展水平全面提升。

（一）加快节能技术装备升级换代，推动重点领域节能增效

（1）推广高效锅炉。发展一批高效锅炉制造基地，培育一批高效锅炉大

第六章 鄱阳湖生态经济区循环经济发展的对策建议

型骨干生产企业。重点提高锅炉自动化控制、主辅机匹配优化、燃料品种适应、低温烟气余热深度回收、小型燃煤锅炉高效燃烧等技术水平,加大高效锅炉应用推广力度。

(2) 扩大高效电动机应用。推动高效电动机产业加快发展,建设15~20个高效电机及其控制系统产业化基地。大力发展三相异步电动机、稀土永磁无铁芯电机等高效电机产品,提高高效电机设计、匹配和关键材料、装备及高压变频、无功补偿等控制系统的技术水平。

(3) 发展蓄热式燃烧技术装备。建设一批以高效燃烧、换热及冷却技术为特色的制造基地,加快重大技术、装备的产业化示范和规模化应用。重点是综合采用优化炉膛结构、利用预热、强化辐射传热等节能技术集成,提高加热炉燃烧效率;在预混合蓄热结合、蓄热体材料研发、蓄热式燃烧器小型化方面力争取得突破。

(4) 加快新能源汽车技术攻关和示范推广。加快实施节能与新能源汽车技术创新工程,大力加强动力电池技术创新,重点解决动力电池系统安全性、可靠性和轻量化问题,加强驱动电机及核心材料、电控等关键零部件研发和产业化,加快完善配套产业和充电设施,示范推广纯电动汽车和插电式混合动力汽车、空气动力车辆等。

(5) 推动半导体照明产业化。整合现有资源,提高产业集中度,培育10~15家掌握核心技术、拥有知识产权和知名品牌的龙头企业,建设一批产业链完善的产业集聚区,关键生产设备、重要原材料实现本地化配套。加快核心材料、装备和关键技术的研发,着力解决散热、模块化、标准化等重大技术问题。

(二) 提升环保技术装备水平,治理突出环境问题

(1) 示范推广大气治理技术装备。加快大气治理重点技术装备的产业化发展和推广应用。大力发展脱硝催化剂制备和再生、资源化脱硫技术装备,推进耐高温、耐腐蚀纤维及滤料的开发应用,加快发展选择性催化还原技术和选择性非催化还原技术及其装备,以及高效率、高容量、低阻力微粒过滤器等汽车尾气净化技术装备,实施产业化示范工程。

(2) 开发新型水处理技术装备。推动形成一批水处理技术装备产业化基地。重点发展高通量、持久耐用的膜材料和组件,大型臭氧发生器,地下水高效除氟、砷、硫酸盐技术，高浓度难降解工业废水成套处理装备，污泥减量化、无害化、资源化技术装备。

（3）推动垃圾处理技术装备成套化。采取开展示范应用、发布推荐目录、完善工程标准等多种手段，大力推广垃圾处理先进技术和装备。重点发展大型垃圾焚烧设施炉排及其传动系统、循环流化床预处理工艺技术、焚烧烟气净化技术和垃圾渗滤液处理技术等，重点推广300吨/日以上生活垃圾焚烧炉及烟气净化成套装备。

（4）攻克污染土壤修复技术。重点研发污染土壤原位稳定剂、异位固定剂，受污染土壤生物修复技术、安全处理处置和资源化利用技术，实施产业化示范工程，加快推广应用。

（5）加强环境监测仪器设备的开发应用。提高细颗粒物（PM2.5）等监测仪器设备的稳定性，完善监测数据系统，提升设备生产质量控制水平。开发大气、水、重金属在线监测仪器设备，培育发展一批掌握核心技术、产品质量可靠、市场认可度高的骨干企业。加快大气、水等环境质量在线实时监测站点及网络建设，配备技术先进、可靠性高的环境监测仪器设备。

（三）发展资源循环利用技术装备，提高资源产出率

（1）提升再制造技术装备水平。提升再制造产业创新能力，推广纳米电刷镀、激光熔覆成形等产品再制造技术。研发无损拆解、表面预处理、零部件疲劳剩余寿命评估等再制造技术装备。重点支持建立10~15个国家级再制造产业聚集区和一批重大示范项目，大幅度提高基于表面工程技术的装备应用率。

（2）建设"城市矿产"示范基地。推动再生资源清洁化回收、规模化利用和产业化发展。推广大型废钢破碎剪切、报废汽车和废旧电器破碎分选等技术。提高稀贵金属精细分离提纯、塑料改性和混合废塑料高效分拣、废电池全组分回收利用等装备水平。支持建设50个"城市矿产"示范基地，加快再生资源回收体系建设，形成再生资源加工利用能力8000万吨以上。

（3）深化废弃物综合利用。推动资源综合利用示范基地建设，鼓励产业聚集，培育龙头企业。积极发展尾矿提取有价元素、煤矸石生产超细纤维等高值化利用关键共性技术及成套装备。开发利用产业废物生产新型建材等大型化、精细化、成套化技术装备。加大废旧电池、荧光灯回收利用技术研发。支持大宗固体废物综合利用，提高资源综合利用产品的技术含量和附加值。推动粮棉主产区秸秆综合利用。加快建设餐厨废弃物无害化处理和资源化利用设施。

（4）推动海水淡化技术创新。培育一批集研发、孵化、生产、集成、检验检测和工程技术服务于一体的海水淡化产业基地。示范推广膜法、热法和耦合法海水淡化技术及电水联产海水淡化模式，完善膜组件、高压泵、能量回收装置等关键部件及系统集成技术。

（四）创新发展模式，壮大节能环保服务业

（1）发展节能服务产业。落实财政奖励、税收优惠和会计制度，支持重点用能单位采用合同能源管理方式实施节能改造，开展能源审计和"节能医生"诊断，打造"一站式"合同能源管理综合服务平台，专业化节能服务公司的数量、规模和效益快速增长。积极探索节能量交易等市场化节能机制。

（2）扩大环保服务产业。在城镇污水处理、生活垃圾处理、烟气脱硫脱硝、工业污染治理等重点领域，鼓励发展包括系统设计、设备成套、工程施工、调试运行、维护管理的环保服务总承包和环境治理特许经营模式，专业化、社会化服务占全行业的比例大幅提高。加快发展生态环境修复、环境风险与损害评价、排污权交易、绿色认证、环境污染责任保险等新兴环保服务业。

（3）培育再制造服务产业。支持专业化公司利用表面修复、激光等技术为工矿企业设备的高值易损部件提供个性化再制造服务，建立再制造旧件回收、产品营销、溯源等信息化管理系统。推动构建废弃物逆向物流交易平台。

第二节 大力推进循环经济科技创新

科技的进步是循环经济发展的重要动力。第三章对循环经济效率变化分析得出，鄱阳湖生态经济区2011年相对于2010年技术进步指数为0.811，也就是说技术进步有所下降。因此，切实加强科技创新体系的构建，显得非常必要。循环经济的科技载体为环境无害化技术，环境无害化技术主要体现为污染物排放量减少、资源和能源利用率更高、废弃物和产品回收利用更多，并对垃圾进行无害化处理。环境无害化处理主要涉及清洁生产技术、废弃物循环利用技术、污染治理技术等内容：①清洁生产技术指在生产全过程采取绿色技术，可以使生产过程的废弃物排放量最小化。与废弃物利用和污染治理两种末端处理不同的是，清洁生产技术强调的是源头控制的思想。清洁生产技术涉及清洁生产和清洁产品两方面，不仅要求生产全过程达到污染零排放或者少排放，还要求生产的产品在使用和废弃过程中对环境不会造成破坏。②废弃物循环利用技术指对生产和生活中产生的废弃物进行资源化处理的再利用技术。按照循环经济的思想，垃圾只要放对了地方，通过适当的技术，就可以变成资源。目前比较成熟且运用较多的废弃物利用技术有废电池回收利用技术、废纸加工再生技术、有机垃圾制成复合肥料技术等。这类技术因其变废为宝产生了较好的经济效益和社会效益，受到越来越多的关注，具有巨大的开发潜力。③污染治理技术即环境工程技术，通过研究和应用废弃物净化装置对有毒有害废弃物进行净化处理。这种方式不改变生产系统和工艺，只对生产末端产生的废弃物进行治理和控制。目前应用较多的有污水治理技术、大气污染治理技术、噪声污染防范技术、填埋和焚烧垃圾处理技术等。其中污水治理和垃圾焚烧填埋技术目前在各地环境保护中运用最多。

循环经济建设只有这些技术支撑才能得以推进。所以，要加大资源循环利用技术体系的研发和应用，加强与实践相结合的环保技术的开发，并为实际操作制订具体的、操作性强的实施方案，将环保科研成果迅速转化为现实生产力。

一、建立自主创新机制

未来鄱阳湖生态经济区发展的优劣，在很大程度上取决于自主创新这个核心竞争力。一要建立健全技术创新、技术开发的激励机制。坚持先进技术引进和消化、吸收、创新相结合，鼓励开发具有自主知识产权的核心技术。同时，保护和支持发明和创新的专利权，在创造的经济效益中保留一定比例的收益归创新者，并为技术创新项目的技术转化和推广提供实际支持。二要建立自主创新联动机制。改革完善公共科技计划管理体制，建立分工明确、权责统一、协调联动的行政科技管理机制。引导企业完善创新运行机制，在核心企业和中小企业群中形成循环技术创新的内在和外在动力，引导环保产业和循环经济的资金、技术与管理向平台、基地集中，提高环保科技成果转化率，使企业真正成为循环经济研究开发投入、技术创新活动和创新成果应用的主体。三要健全自主创新服务机制。切实加强科技中介服务机构建设,完善技术市场体系和信息、咨询、策划等服务平台,为科技创新及成果转化提供全方位的服务。

二、建立产、学、研合作机制

以应用为目的、市场为导向,以科研机构和重点实验室为载体,构建产、学、研有机结合的技术创新体系,形成源头创新网络。一要积极探索政府、企业与高校、科研院所三者合作的新模式,通过加强"企校合作"和专家顾问技术难题对接活动等形式,促进联动协作,形成科技大系统的资源共享、协同配合的科技创新运行机制。二要完善以企业为主体,以高校为支撑,以产业化为目标的产、学、研合作机制,实现科技与经济社会发展的紧密结合。鼓励企业与高校、科研机构通过成果转让、委托开发、合作开发、共建技术开发机构和科技型企业实体等多种形式,积极组建产、学、研战略联盟。三要加大科技基础设施、创新平台和创新载体建设,加强核心技术和共性关键技术研发,支持建设大型数据中心、重点(工程)实验室和研究中心、企业技术中心等,整合、重组和优化大型仪器、科技文献与数据、自然科技资源、实验动物等科技资源,为科技创新提供基础条件保障。

三、建立科技人才培养机制

必须加大对科技创新人才的培养力度。建立政府、企业、社会多元人才培养和投入机制。一要优化人才开发体制环境。培育建立统一开放的人力资源市场,加快探索高层次人才、高技术人才协议工资制和项目工资制等多种分配形式,对高等院校科技人员的研发成果实施技术入股、股权、分红权等多种形式的激励机制,建立健全更科学、更规范、更全面的用人、留人机制,为高科技人才提供良好的施展舞台和广阔的发展空间。加强高层次人才开发,要瞄准循环经济的核心领域、关键环节和重大技术,大力培养、引进和集聚一大批创新精神强、学术水平高和懂经营管理的高层次复合人才和创新创业领军人才,重点培养德才兼备、具有战略眼光的中高级党政领导干部,擅长经营、具有市场开拓能力的优秀企业家,勇于创新的高级科技人才。同时,依托高等院校、科研院所和大中型企业，以重大科研项目为载体，加快建立创新型人才培养基地。二要优化人才创业环境。加快重点园区建设，加强园区数字化系统建设，实现园区与外界信息共享，转变区域生产、消费和管理模式，推进资源和能源流动转换，把各类科技园区建设成为循环经济发展的示范基地、高水平研发机构集聚的技术创新基地、高素质人才聚集的科技创业基地。加快科研院所建设，积极创办社会科学研究基地，促进重点研究领域和特色学科建设，加快企业工程技术中心建设。通过各类载体建设，为高层次人才搭建创业平台。三要优化人才生活环境。加快推进城镇化进程，不断完善城市综合服务功能，努力改善人居条件，同时为高层次人才提供就医、配偶和子女就业、就学及落户等方面的便利优惠服务。

四、构筑科技公共服务平台

以《循环经济发展战略及近期行动计划》为契机，应加快建设一批环境友好型公共基础设施及服务平台，实现园区污水、垃圾、废弃物集中处理，水、热、气集中供应，信息、技术及各类服务共享。加快污水集中处理工程及污水管网建设，提高污水入管率，推动污染物集中处理设施改造及建设。对生态经济区内的电镀集控区实施再生水利用工程项目，推进再生水供水系统建设，合理布局再生水管道，加快建设用于绿化浇灌、道路保洁、环境卫生等方面的公共再生水设施。全面推进发电、供热、供冷三联供系统建设，落实区域内各园区集中供热、余热发电和蒸汽吸收制冷。加快区域废物交换平台及综合处理中心建设，培育和发展面向全省的再生金属资源交易市场及物流中心，建设区域性废物交换中心，建立危险废物统一收运平台，集聚发展废铜、废家电、废旧轮胎、废旧塑料、废纸的资源回收和循环利用。加快实施废物交换系统建设工程，建立废物信息交换系统、废物交换中心、咨询专家系统等，建设虚拟废物交换中心。积极吸引国外和民间资本参与工业废物削减、废物交换、废物循环、废物处理处置的全过程。推进信息基础设施建设，紧扣各园区主要产业，加快循环经济数据库建设，建立各行业有关技术、政策法规、标准规范、重点项目、企业、科技专家等数据库，促进信息化网络平台及节能平台建设，提升企业应对市场变化的能力。此外，加快发展创新型、创业型、劳动密集型小微企业，支持小微企业创业基地和投融资公共服务平台建设。

第六章　鄱阳湖生态经济区循环经济发展的对策建议

第三节　着力完善循环经济市场体系

构建有效的鄱阳湖生态经济区循环经济市场体系，要充分发挥市场机制对资源配置的基础性作用。通过相应的经济和行政手段，激励经济主体主动引入生态环保理念，推行绿色生产、资源循环利用和垃圾无害化处理。

一、建立生态交易市场

在前文生态化效率测算中，能源消费量冗余程度较高，能源要素粗放利用现象较为突出，废水、二氧化硫、烟尘排放量均存在不同程度的冗余。为了解决这些问题，更好地保护鄱阳湖生态经济区优良的环境，可以考虑在鄱阳湖生态经济区内试点征收生态税种，其中重点应是能源税、水资源税、污染税，并改排污费为排污税，生态税应作为地方税返还各地，作为治理污染、保护环境的专项经费。变现行"谁污染、谁付费"为"谁污染、谁缴税"，完善鄱阳湖生态经济区生产环节的税收链条。借鉴发达国家的经验，在技术可行性的基础上，可开设水污染、二氧化碳、二氧化硫、垃圾税等四大税目，按治污费用不小于排污费用的标准，实施累进的边际税率，使税负能正确反映环境成本和资源的稀缺程度，加大非循环经济的企业经营成本，从制度上引导其向循环经济方面靠拢。将环境保护税收入作为环境保护方面的专项资金，主要用于生态环境的恢复和清理、城市基础设施、开发节约资源、污染防治技术的科学研究经费、生态保护等方面。

二、建立多元化投融资市场

循环经济建设需要较为成熟的产业基础和强有力的技术支撑，这些都需要大量的资金投入。要大力支持国内外大型企业和企业集团参与鄱阳湖生态经济区建设，有选择地引导外商直接投资建设项目，鼓励外资通过参股、股权置换等形式进行投资，积极稳妥地探索采用投资基金、风险投资等方式吸收外资。

一要建立现代化的多元金融服务体系。加强与国际金融组织的沟通与合作,推动循环经济项目借用国外优惠贷款进行建设,争取更多的节能减排和绿色信贷的示范项目支持;大力发展银行、保险、证券、期货、信托等金融业,加快培育金融市场;加快中小银行重组、改革步伐,构建区域性金融中心,形成现代化金融服务体系;鼓励和支持省内外社会资金、民间资金入赣投资创业,发展民间金融机构。二要探索建立产业投资基金,积极发展创业投资企业,利用资本市场直接融资。应鼓励和吸引国外创业投资基金和产业投资基金的进入,允许外商投资设立创业投资公司和创业投资管理公司,促进大规模国外资金和先进科技的引进,鼓励外商直接投资环保产业、环保技术开发和设备制造、生态农业等领域。在实践中,可以《鄱阳湖生态经济区总体规划》中环境友好型经济发展要求为依据,选择一批符合循环经济理念和资本市场发展理念,且发展潜力大、经济效益好、管理水平较高的企业,积极支持其发行债券、增持股票上市直接融资;通过产业投资基金(或创新投资基金),在这些企业发展的关键时机给予其政策和资金支持,以政府平台为其真正走上资本市场提供便利,分享其股权增值。三要发挥政府信用和协调功能,加强与国家开发银行、国有商业银行和股份制银行等金融机构的沟通与合作,扩大信贷规模。积极推进 BOT、TOT、资产证券化融资等项目融资方式,加大资本市场融资力度,优先推荐区内条件成熟的各类企业上市融资和发行债券。

三、建立排污权交易市场

排污权交易是指环保部门制定排污总量控制指标,将此指标按一定的原则和方法,以排污许可证方式发放给排污单位,此证可在总量控制的条件下,充分利用市场机制的作用在排污单位之间交易。其本质是把排污权作为一种商品进行买卖,政府在总量控制的前提下,鼓励企业通过技术进步和环境治理,最大限度减少污染排放总量,并将治污获取的富余指标进行有偿转让和变更,这是目前世界各国解决环境污染的重要手段之一。从第三章第二节循环经济效率分析中可以看出,鄱阳湖生态经济区内不同地区的废水排放量、二氧化硫排放量、烟尘排放量冗余情况差距很大。因此,可以先行在鄱阳湖生态经济区试点,探索建立排污权有偿使用和交易机制,设立排污权交易中心或者平台,将全省其他区域各个品种的排污权也纳入到交易中心的业务中,推动排污权交易全面实施。

四、充分发挥价格的市场调节作用

切实落实好国家节能减排差别化电价政策,充分发挥价格杠杆作用,实行峰谷电价优惠政策。对高电耗企业,严格执行加价幅度;对政府宣布淘汰或效能审查不合格的项目一律停止供电。通过峰谷差别化定价,能有效引导企业优化用电方式。此外,要制定超定额加价的能耗、电耗、水耗政策,统筹规划使用配额,进行定额管理,推行累进加价的收费政策。

第四节 协力建立循环经济的组织管理机制

鄱阳湖生态经济区作为后发展地区,在推进循环经济发展中,由于产业实力整体不够强大,很难以产业自身的力量来推动生态化发展。如何在技术创新和多元主体参与的推动下协调各方利益、激发他们的潜能,成为创建产业生态系统的首要问题。在这一阶段,应该以政府推动为主,发挥政府政策引导和规划管理的作用,通过不同功能区的循环经济路径,引导区域、园区、企业生态产业链的形成,进而增强产业实力和生态化动力系统的构建。政府应从宏观层面,将以往单一的线性的产业结构调整为多元的循环经济产业结构,通过产业结构的调整引导产业生态链的形成,并建立和完善既符合市场规律又符合自然规律的管理机制,推进鄱阳湖生态经济区资源节约型和环境友好型社会建设。同时,鄱阳湖生态经济区循环经济路径构成中,大多数企业由于自身实力有限,缺乏循环经济主体推动能力,以企业为主体力量形成的生态工业园区仅属于个别产业现象。尤其是在招商引资和承接东部沿海地区的产业转移过程中,各级政府应主动从宏观上对循环经济发展进行规划和引导,通过标准制定、规范化管理、政策扶持建设和发展生态工业园区。

一、建立高层协调组织结构

发展循环经济是一项全新的系统工程,涉及产业布局、城镇建设、基础设施完善、生态和环境改善等方面的内容，需要处理好不同行政区域之间的利益关系，必须建立坚强有力的组织领导机构，实施集中、统一、有效的协调管理。一要建立协调有效的组织领导体制。建议在目前省委省政府已成立的鄱阳湖生态区领导小组之下设立常设机构，并赋予该机构具有一级政府的职能，可以就鄱阳湖生态经济区内重大问题进行协调、规划、指导，并制定相关政策，对鄱阳湖生态经济区予以倾斜和扶持。二要建立跨市、县（区）的联席会议制度。重点在环境保护、节能减排、资源共享等领域进行协商，同时促进跨区域的重大基础设施的统筹规划。

二、建立区域协调机制

长期以来，由于体制原因形成的"行政区经济"和"块块经济"格局已经不能适应鄱阳湖生态经济区经济发展的新形势要求。当前最关键、最紧迫的是尽快尽早打破地区封锁的格局，建立常态化、一体化、科学化的区域发展协调机制。一要铲除经济区内区域合作的各种障碍，实现资源和要素的无障碍流动。以市场为导向，消除不合理的行政干预和区域内的市场壁垒，规范市场经济秩序，统一规划和建设市场网络，在经济区范围内统一工业制品、农产品质量标准、检验检测标准和认证标准，互相认同对方的鉴定结果，促进商品自由流通，使商品、资金、劳动力和人才、技术、产权、信息等实现无障碍流动，促进区域经济共同发展。二要建立区域合作的有效运作机制。通过签署合作协议、专题协商、联合调研、工作协商等方式共同解决经济区内交流发展中的有关问题，协调交通规划、建设、管理工作的有关政策，交流有关法规、地方标准，推动双方规划信息的交流及在区域规划方面的合作。

三、建立统计考核机制

在现行体制下对地方政府绩效进行评价，主要对象是 GDP 增速、投资规模和税收等，偏重那些反映经济总量和增长速度的指标。在这种制度安排下，地方政府易于忽视本地的资源和环境条件，非理性地热衷于资本集中型、利税创收型的产业，从而使得要素布局分散化、产业结构趋同化的弊端愈演愈烈，阻碍了经济资源的自由流动和跨地区的经济合作。因此，在政府引导循环经济

第六章 鄱阳湖生态经济区循环经济发展的对策建议

发展的前期阶段,建立适应于鄱阳湖生态经济区发展的科学考评机制,对循环经济的推进也至关重要。

建立鄱阳湖生态经济区考核评价体系,离不开科学、客观、有效的数据支撑,需要成熟的相关经济、社会、生态数据测算和统计政策制度提供条件。绿色GDP是指国家或地区在扣除自然资源及环境污染损耗后新创造的真实国民财富的总量,它能较准确地反映一个国家或地区国民收入水平的状况。鉴于江西省目前资源耗竭和环境退化问题并存,绿色GDP目标模式的选择可能采用联合国推荐的综合环境与经济核算体系(SEEA),即将环境资源作为国民经济核算体系的卫星账户,分步实施,在完善实物量核算的基础上,开展环境价值量核算,最终建立实物量和价值量两套核算体系。绿色GDP核算如果能用于鄱阳湖生态经济区建设考评,将极大提高考评的科学性。由于绿色国民经济核算在国内外仍主要处于理论探讨阶段,实际应用的案例不多,对基础支撑数据、技术支持、开展经费、制度安排等都提出了更高的要求,对绿色国民经济核算的先行先试对于鄱阳湖生态经济区建设也是一个考验和挑战。

目前,江西省绿色GDP核算试点工作仍处在调查研究阶段,3~5年内只能在若干具有典型代表意义的县(市、区)进行试点。因此,鄱阳湖生态经济区应扎实用好用活"先行先试权",选择一至两个城市先行示范,如南昌市、景德镇市,结合当地生态资源环境现状,构建资源环境账户指标体系,探讨绿色GDP的核算方法,估算两市2010年、2011年的绿色GDP,得出自然资源损耗、环境污染损耗、绿色GDP,从而描述经济发展与环境保护之间的各项关系,为领导综合环境决策提供有用和翔实的信息。同时利用核算结果来研究制定相关污染治理、环境税收、生态补偿等环境、经济和管理政策,探讨完善相关领导干部绩效考核制度。

此外,也可以在借鉴已运行多年、相对成熟的政府综合考评体系的基础上,进行相应改进,依据鄱阳湖生态经济区"两区一带"不同功能定位,区分经济和生态指标不同权重,沿湖县(市、区)和非沿湖县(市、区)在经济和生态考评方面采用不同权重,对湖体核心保护区,主要评价生态环境保护的情况;对滨湖控制开发带,要突出生态环境保护等的评价,强化经济结构、资源消耗、自主创新等的评价,弱化经济增长、工业化和城镇化水平的评价;对高效集约发展区,要综合评价经济增长、质量效益、工业化和城镇化水平等。并添加鄱阳湖办工作开展情况、重大项目推进情况等特色因素,构建鄱阳湖生态经济区建设考评体系。其中,要特别加强和完善能源、水、土地等重要资源及节能、节水、节地的统计、核算工作,健全完善循环经济统计评价和以物质流账户为主的循环经济评价指标体系,抓紧开展以资源产出率评价循环经济发展的统计试点工作。建立循环经济统计监测制度,加强资源消耗、综合利用和废物产生的统计监测,抓好节能减排计量技术规范的制定和修订,加强节能降耗、环境保护等循环经济重点行业领域计量器具配备管理工作。制定高耗能、高耗水及高污染行业市场准入和评价标准,完善主要用能设备及建筑能效标准、重点用水行业取水定额标准、主要耗能耗水行业节能节水设计规范。完善促进循环化改造的奖惩制度,对循环经济发展先进企业和个人予以奖励,对浪费和破坏资源、严重污染环境的行为予以曝光、处以重罚。每年对省级以上生态园区循环化改造进展情况进行一次评估,检查落实情况、分析实施效果、提出解决对策,确保各项支持政策得到落实。

四、创新监督管理机制

完善循环经济发展准入机制,加强环保准入和能效标准管理,制定高耗能、高耗水及高污染行业市场准入标准和合格评定制度,对达不到环保和能耗要求的产业项目禁止审批,对再生资源与新能源、节能环保装备制造、循环经济研发及咨询服务企业降低准入门槛。建立固定资产投资项目节能评估和审查制度,开展开工项目节能、节水评价,从严审核工程项目环境影响评价,严禁新上项目使用低效、高耗的用能用水工艺和设备。支持推广应用重点节能减排技术和高效节能环保产品。严格执行清洁生产评价标准,支持高耗能行业和重点耗能企业全面实施节能技术改造项目。支持医药食品、服饰织造、机械制造等高耗水行业实施节水改造和水循环利用。建立高耗能、高耗水落后工艺、技术和设备强制淘汰制度,禁止生产、进口和销售达不到最低能效标准的产品。对企业使用的无污染或少污染的生产设备实行加速折旧办法;提高园区污水处理费征收标准,开征生活垃圾处理费;对一些重点行业实行相关定额管理,明确单位产量(产值)的能耗、水耗标准及主要污染物排放限额;要严格执行建筑节能设计规范,达不到建筑节能设计规范要求的新建公共建筑和民用建筑不得施工、验收备案、销售和使用。此外,要加大环境保护的执法力度,严肃

第六章 鄱阳湖生态经济区循环经济发展的对策建议

查处各种浪费资源、破坏环境的各种违法违规行为，实行污染物排放许可证制度，坚决制止非法排污，对污染物排放超过标准的企业，要依法予以处罚并责令限期整改。

第五节 努力健全循环经济发展的政策法规体系

构建和完善政策体系是推动鄱阳湖生态经济区经济与环境协调发展主要动力和重要保证，其实质是根据区内不同功能区域，明确不同的发展要求，配套实行更具体、更有针对性的差别化政策，激励和约束经济行为，保护发展所必需的资源和环境基础，增强调控的有效性，最终达到科学发展、绿色发展的目的。

一、制定生态补偿政策

按照谁开发谁保护、谁受益谁补偿的原则，建立适合鄱阳湖生态经济区建设的生态补偿机制。生态补偿涉及公共管理的各个层面和各个领域，生态补偿制度的建立应遵循政府和市场互补的原则，在完善政府财政转移支付制度、环境税收制度的同时，制定生态保护受益者补偿政策，以弥补各地市生态资源分配的不公，加大地区内的生态环境整治力度，在水土流失治理、水污染治理等领域加大合作力度，促进人口、资源、环境协调发展。一要建立市场化生态补偿机制。强化市场经济条件下对森林生态效益补偿的市场化运作机制，建立受益者直接补偿体系。例如，从依托保护地区景观的旅游部门经营收入、内河航运、水力发电等企业营业收入中提取一定比例的资金，用于该区域的生态效益补偿。继续推进建立地方生态补偿基金，落实受益地区对保护地区的补偿政策。同时，鼓励社会捐资等形式筹集资金用于鄱阳湖流域保护。二要健全生态补偿的公共财政制度。对鄱阳湖滨湖地区五河源头区、饮用水源涵养区、自然保护区、森林和生物多样性保护区等以重要生态功能区为主的欠发达乡镇实行基本财政保障制度和生态保护财政专项补助政策；同时，研究制定科学的鄱阳湖生态经济区上中下游利益补偿、责任共担的定量核算方法和利益补偿的财政转移支付方案、操作方式和配套政策,选择合适县(市、区)进行试点,把下游因鄱阳湖调节作用而实现的一部分收益,转移支付到上游支持鄱阳湖生态经济区的环境建设工程。三要建立生态保护补偿基金。在鄱阳湖生态经济区范围内,按地方企业发展增量的一定比例征集,统筹使用,使承担生态保护重要责任的乡镇、街道、村得到及时的补偿。同时,对于鄱阳湖生态经济区禁止开发区、限制开发带的主要生态类型,如湖泊、湿地、水土流失等,进行生态修复和维护。生态补偿基金的使用建议采取"项目支持"形式,以市场化运作方式,政府通过政策引导、扶持,保障企业投资开发生态治理项目,促进生态环境保护的同时实现经济较快发展。四要健全区域间横向生态援助政策。鼓励环湖地区和其他生态环境受益地区采取资金补助、定向援助、对口支援等方式,对滨湖地区和五河源头因加强生态环境保护造成的利益损失进行补偿,协调各方利益,促进生态共建。

二、制定财政支持政策

综合运用与调整改进并重,运用支出、补贴、转移支付等财政政策工具,调整优化收支结构,引导资源的流向,建立和完善有利于推进鄱阳湖生态经济区建设的财政政策体系,形成生态环保、经济发展、科技进步的政策激励。一要加大对鄱阳湖生态经济区财政转移支付力度,促进生态工业、生态农业、生态旅游业的发展。应争取国家对鄱阳湖生态经济区的常态补偿机制,把鄱阳湖生态经济区因保护环境而减少的财政收入作为计算财政转移支付补偿的一个主要因素,增加对鄱阳湖生态经济区用于公共服务的一般性财政转移支付和用于生态环境建设的专项转移支付。同时,要积极争取尽快将鄱阳湖生态经济区的经常性生态环境建设资金纳入中央政府预算科目。通过国家预算,加大对鄱阳湖生态经济区治理和改善环境的专项补助,扶持鄱阳湖生态经济区环保产业、绿色产业的发展。二要整合财政专项资金,促进支柱产业、高新技术产业和农业的发展。精心筛选和确定重点扶持的产品和重点财源建设项目,建立和完善项目库,整合技术改造专项贴息资金、新产品开发资金、高新技术产业化引导资金、科技三项费用和外贸出口财政贴息资金等相关专项资金,对这些项目进行重点支持。重点对农业生态起保护作用、有利于农业可持续发展的农业生态工程建设和传统农业的绿色化改造工程进行财政支持,建立全方位的农业补贴机制。三要增加财政资金投入，保证财政科技投入的持续稳定增长。确保财政科技拨款的增长比率不低于财政收入的增长比例，财政安排科技三项经费，每年按不低于10%的比例增长。充分发挥政府在投入中的引导作用，引导和鼓励可再生资源的开发和发展，对可再生能源和清洁生产企业，如太阳能发电、风能发电、垃圾焚烧发电、工业废热回收利用等，要给予财政补贴、税收减免、贷款担保与贴息的优惠政策。通过财政直接投入、税收优惠等多种财政投入方式，增强政府投入调动全社会科技资源配置能力。

三、制定税收优惠政策

研究出台促进节能减排的税收和非税收入政策，加快制定鄱阳湖生态经济区税收优惠政策，加大对节能减排、环境保护的支持力度。一要制定实施环境导向型税收政策。对高能耗产品和不利用环保的产品，加大征税力度；对资源综合利用，新能源和可再生能源的开发利用，实行降税贴息支持；改排污收费制度为污染征税制度，对现行的排污、水污染、大气污染、工业固定废弃物、城市生活废弃物、噪声等收费制度，改为征收环境保护税，并逐步将难以分解和再回收利用的材料制造的产品纳入征收范围；对高能耗、高污染产品的出口，全面停止退税；对循环利用资源的企业，减免出口税；对投资于生态农业发展、绿色农产品生产、流通中获得的收益实行免税或减税政策，对再投资于相关的有机农产品等生态农业发展的资金给予再投资退税的优惠。二要在国家税法允许的前提下，创造性地用足、用好地方税收优惠政策。对符合经济发展政策列入鼓励类的基础产业、高新技术产业、环保产业等，在资源税、固定资产投资方向调节税、所得税等方面进行相应减免优惠的基础上，开展在增值税、消费税等方面税收鼓励政策，并积极探索增值税转型，可由南昌、萍乡、景德镇、九江试点逐步向全省展开。三要借鉴高新技术企业的税收优惠政策，研究适用于服务贸易业的税收鼓励政策，鼓励企业进行技术开发和创新。充分发挥服务业发展引导资金作用，支持服务业发展，引导社会资金对服务业进行投入，重点支持南昌、九江、鹰潭等区域商贸中心、物流中心，南昌金融中心建设。四要建立和完善科技税收激励政策体系。在继续实施加大对企业研发投入的所得税前的抵扣力度、允许企业加速用于研究开发的设备仪器的折旧、对高新技术企业实行优惠税收、采用消费型的增值税等政策的同时，研究探索在环鄱阳湖城市群和高新技术工业园区，适当地调整增值税的税率设置，按照低税率纳税。研究探索对高新技术企业所缴纳增值税按适当比例返还企业用于研究与开发，以及高新技术企业或与技术开发有关的机器设备实行"税改投"等相关激励政策。

四、建立健全法律法规

法律法规一旦制定，将成为一种强制手段有效地规范并推动经济的发展，与循环经济发展相关的立法是其发展战略和政策法制化的途径，这些立法的实施是产业实现生态化可持续发展的重要保障。循环经济是一个动态的过程，这一发展趋势将集中体现于企业内部小循环、园区企业中循环、区域产业间的大循环。所以，借鉴发达国家推进循环经济建设的先进经验，结合鄱阳湖生态经济区产业发展现状及生态化具体实践，加快制定并完善促进循环经济发展的法律法规，将更加有效地促进经济区循环经济发展。

一要推进立法体系建设。国家层面要加快对循环经济的立法进程，制定相关的专项法规，针对资源循环利用、绿色消费及包装材料、建筑材料等行业在资源回收利用方面制定相应的政策和法律法规。鄱阳湖生态经济区应结合具体情况，重点制定以生态环境保护与建设、促进循环经济发展、推动清洁生产、强化建设项目环境保护为主要内容的地方性法规，创造良好的法规环境。同时，要建立健全各类废弃物回收再利用制度，通过将现行的企业排污收费制度改为征收环境税，对企业的排污行为从法律上进行更为有效的约束。

二要推进执法体系建设。推进鄱阳湖生态经济区建设，执法体系建设也是必不可少的。一是强化鄱阳湖生态经济区内生态资源、环境、卫生、食品、水利、质监等方面的行政执法，建立健全部门执法责任制。二是强化对建设项目立项、资源开发利用和生态环境保护的法律、法规、政策执行情况的监督，实行经常性执法活动和专项整治活动相结合的方式，进行政策和执法检查。要强化人大的法律监督和政协的民主监督，重视和发挥新闻媒体和公众的社会监督作用。三是对严重污染环境、破坏资源的单位和个人，依法严厉查处。

参考文献

[1] 曹德军. 鄱阳湖生态经济区基础设施用地研究 [D]. 南昌：江西农业大学硕士学位论文，2012.

[2] 邓启明. 基于循环经济的浙江现代农业研究 [D]. 杭州：浙江大学博士学位论文，2007.

[3] 丁慧. 婚姻维权法律通 [M]. 北京：法律出版社，2005.

[4] 范跃进. 经济全球化与区域经济发展 [M]. 济南：山东人民出版社，2005.

[5] 龚家林. 鄱阳湖生态经济区法制保障的问题及对策 [J]. 生态经济，2012（8）.

[6] 郭柳琴. 浅析我国循环经济发展的理论基础及发展模式 [J]. 煤炭经济研究，2005（7）.

[7] 胡振鹏. 鄱阳湖生态经济区发展战略初探 [J]. 九江学院学报，2010（2）.

[8] 李琳燕. 江西星火工业园循环经济研究 [D]. 南昌：南昌大学硕士学位论文，2008.

[9] 李雅萍. 鄱阳湖生态经济区建设中的地方政府行为研究 [D]. 南宁：广西师范学院硕士学位论文，2012.

[10]《理论导报》编辑部. 切实把握鄱阳湖生态经济区的本质内涵 [J]. 理论导报，2010（3）.

[11] 廖进球. 关于加快鄱阳湖生态经济区新型工业化发展进程的思考 [J]. 鄱阳湖学刊，2010（1）.

[12] 刘旌. 循环经济发展研究 [D]. 天津：天津大学博士学位论文，2012.

[13] 刘永清. 基于循环经济的生态工业园区构建研究 [J]. 科技进步与对策，2009（5）.

[14] 卢福财. 环保产业化是建设生态文明的有效途径 [J]. 江西财经大学学报, 2013 (1).

[15] 卢福财. 鄱阳湖生态经济区工业生态效率研究——基于区域差异及其典型相关视角 [J]. 华东经济管理, 2013 (12).

[16] 卢福财, 朱文兴, 胡平波. 产业转型与环境保护良性互动影响因素研究——以江西为例 [J]. 江西社会科学, 2014 (1).

[17] 罗雯. 鄱阳湖生态经济区建设融资方式选择 [D]. 南昌: 江西财经大学硕士学位论文, 2010.

[18] 彭易成, 张霞. 循环经济对传统经济的挑战 [J]. 生态经济, 2005 (10).

[19] 苏荣. 全力推进鄱阳湖生态经济区建设 把国家战略的宏伟目标变为美好的现实 [J]. 鄱阳湖学刊, 2010 (1).

[20] 唐敦挚. 日本循环经济及其启示与借鉴 [J]. 世界经济与政治论坛, 2004 (5).

[21] 万虹锦. 鄱阳湖区域生态经济区划建设研究 [D]. 南昌: 南昌大学硕士学位论文, 2009.

[22] 万建香. 环境政策促进区域经济发展的传导机制研究 [D]. 南昌: 江西财经大学博士学位论文, 2011.

[23] 汪巍. 美国的节能减排举措 [J]. 节能与环保, 2011 (4).

[24] 汪玉奇. 大力推进鄱阳湖生态经济区建设 [J]. 鄱阳湖学刊, 2010 (2).

[25] 王文飞. 循环经济理论与相关经济理论的辨析 [J]. 煤炭经济研究, 2005 (9).

[26] 吴季松. 新循环经济学——中国的经济学 [M]. 北京: 清华大学出版社, 2005.

[27] 肖慧. 基于循环经济的生态工业园建设研究 [D]. 重庆: 重庆大学硕士学位论文, 2012.

[28] 邢丽娜. 鄱阳湖生态经济区碳排放空间特征及其产业布局研究 [D]. 南昌: 南昌大学硕士学位论文, 2012.

[29] 杨勇, 曹睿. 美国节能减排的主要做法 [J]. 中国能源, 2010 (4).

[30] 张晓芳. 我国经济可持续发展研究 [D]. 新乡: 河南师范大学硕士学位论文, 2007.

[31] 赵霞. 武汉城市圈传统工业园的生态化调整研究 [J]. 湖北社会科学, 2010 (11).

[32] 赵志刚. 鄱阳湖生态经济区农业发展特征及格局研究 [J]. 生态经济, 2012 (7).

[33] 周欣. 城市生态空间对生态环境构建的影响 [D]. 南昌：江西师范大学硕士学位论文, 2011.

[34] 朱卉馨. 鄱阳湖生态经济区发展低碳农业的模式选择和技术支持研究 [D]. 南昌：江西农业大学硕士学位论文, 2011.

[35] 朱松利. 鄱阳湖生态经济区发展战略形成的实证分析 [J]. 经济研究导刊, 2011 (20).

[36] Ahuja G. The Duality of Collaboration: Inducements and Opportunities in the Formation of Interfirm Linkages [J]. Strategic Management Journal, 2000 (21).

[37] Ahuja M. K., Clarley K. M. Network Structure in Virtual Organizations [J]. Organization Science, 1999, 10 (6).

[38] Armstrong C. E., Shimizu K. A Review of Approaches to Empirical Research on the Resource-based View of the Firm [J]. Journal of Management, 2007, 33 (6).

[39] Bansal P. Evolving Sustainably: A Longitudinal Study of Corporate Sustainable Development [J]. Strategic Management Journal, 2005, 26 (3).

[40] Barreto I. Dynamic Capabilities: A Review of Past Research and an Agenda for the Future [J]. Journal of Management, 2010, 36 (1).

[41] Berrone P., Gomez-Mejia L. R. Environmental Performance and Executive Compensation: An Integrated Agency-institutional Perspective [J]. Academy of Management Journal, 2009, 52 (1).

[42] Blyler Maureen, Coff Russell W. Dynamic Capabilities, Social Capital, and Rent Appropriation: Ties That Split Pies [J]. Strategic Management Journal, 2003, 24 (7).

[43] Boccara F. Economy and Ecology: For a Real Alternative [J]. Pensee, 2011 (365).

[44] Carter C. R., Easton P. L. Sustainable Supply Chain Management: Evolu-

tion and Future Directions [J]. International Journal of Physical Distribution & Logistics Management, 2011, 41 (1).

[45] Carter C. R., Rogers D. S. A Framework of Sustainable Supply Chain Management: Moving toward New Theory [J]. International Journal of Physical Distribution & Logistics Management, 2008, 38 (5-6).

[46] Chan H. K., He H. W., Wang W. Y. C. Green Marketing and its Impact on Supply Chain Management in Industrial Markets [J]. Industrial Marketing Management, 2012, 41 (4).

[47] Claver E., Lopez M. D., Molina J. F., Tari J. J. Environmental Management and Firm Performance: A Case Study [J]. Journal of Environmental Management, 2007, 84 (4).

[48] Craig J., Dibrell C. The Natural Environment, Innovation, and Firm Performance: A Comparative Study [J]. Family Business Review, 2006, 19 (4).

[49] Diabat A., Govindan K. An Analysis of the Drivers Affecting the Implementation of Green Supply Chain Management [J]. Resources Conservation and Recycling, 2011, 55 (6).

[50] Elhedhli S., Merrick R. Green Supply Chain Network Design to Reduce Carbon Emissions [J]. Transportation Research Part D-Transport and Environment, 2012, 17 (5).

[51] Etzion D. Research on Organizations and the Natural Environment, 1992-Present: A Review [J]. Journal of Management, 2007, 33 (4).

[52] Gian Andrea Blengini, Deborah J. Shields. Green Labels and Sustainability Reporting: Overview of the Building Products Supply Chain in Italy [J]. Management of Environmental, 2010, 21 (4).

[53] Green K. W., Zelbst P. J., Bhadauria V. S., Meacham J. Do Environmental Collaboration and Monitoring Enhance Organizational Performance? [J]. Industrial Management & Data Systems, 2012, 112 (1-2).

[54] Green K. W., Zelbst P. J., Meacham J., Bhadauria V. S. Green Supply Chain Management Practices: Impact on Performance [J]. Supply Chain Management, 2012, 17 (3).

[55] Gulati R. Network Location and Learning: The Influence of Network Resources and Firm Capabilities on Alliance Formation [J]. Strategic Management Journal, 1999, 20 (5).

[56] Joseph Sarkisa Q. Z., Kee-hung Lai. An Organizational Theoretic Review of Green Supply Chain Management Literature [J]. International Journal of Production Economics, 2011, 130 (1).

[57] Kallio T. J., Nordberg P. The Evolution of Organizations and Natural Environment Discourse-Some Critical Remarks [J]. Organization & Environment, 2006, 19 (4).

[58] Klassen R. D., McLaughlin C. P. The Impact of Environmental Management on Firm Performance [J]. Management Science, 1996 (42).

[59] Kouvelis P., Chambers C., Wang H. Y. Supply Chain Management Research and Production and Operations Management: Review, Trends, and Opportunities [J]. Production and Operations Management, 2006, 15 (3).

[60] Lee C. K. M., Lam J. S. L. Managing Reverse Logistics to Enhance Sustainability of Industrial Marketing [J]. Industrial Marketing Management, 2012, 41 (4).

[61] Linton J. D., Klassen R., Jayaraman V. Sustainable Supply Chains: An Introduction [J]. Journal of Operations Management, 2007, 25 (6).

[62] Powell W. Neither Market nor Hierarchy : Network Forms of Organization [J]. Research in Organizational Behavior, 1990, 12 (1).

[63] Pratima Bansal K. R. Why Companies Go Green: A Model of Ecological Responsiveness [J] . Academy of Management Journal, 2000 (43).

[64] Rao P., Holt D. Do Green Supply Chains Lead to Competitiveness and Economic Performance? [J]. International Journal of Operations & Production Management, 2005, 25 (9-10).

[65] Reagans R., McEvily B. Network Structure and Knowledge Transfer: The Effects of Cohesion and Range [J]. Administrative Science Quarterly, 2003, 48 (2).

[66] Seuring S., Muller M. From a Literature Review to a Conceptual Framework for Sustainable Supply Chain Management [J]. Journal of Cleaner Production, 2008, 16 (15).

[67] Shuen A., David J. Teece, Gary Pisano. Dynamic Capabilities and Strategic Management [J]. Strategic Management Journal, 1997, 18 (7).

[68] Simpson D. Institutional Pressure and Waste Reduction: The Role of Investments in Waste Reduction Resources [J]. International Journal of Production Economics, 2012, 139 (1).

[69] Steven E., Phelan T. D., Dan Li, Deepak Sethi. The Development of Entrepreneurial Networks: A Necessary Condition for International New Ventures [J]. Strategic Management Review, 2006 (1).

[70] Teece D., Gary P. The Dynamic Capabilities of Firms: An Introduction Technology [J]. Organization and Competitiveness, 1998 (3).

[71] Teece D. J. Explicating Dynamic Capabilities: The Nature and Microfoundations of (sustainable) Enterprise Performance [J]. Strategic Management Journal, 2007, 28 (13).

[72] Vasi I. B., King B. G. Social Movements, Risk Perceptions, and Economic Outcomes: The Effect of Primary and Secondary Stakeholder Activism on Firms' Perceived Environmental Risk and Financial Performance [J]. American Sociological Review, 2012, 77 (4).

[73] Wang H. F., Gupta S. M. Green Supply Chain Management : Product Life Cycle Approach [M]. New York: McGraw Hill, 2011.

[74] Winter S. G. Understanding Dynamic Capabilities [J]. Strategic Management Journal, 2003, 24 (10).

[75] Zahra S. A. S., Harry J. Davidsson. Entrepreneurship and Dynamic Capabilities: A Review, Model and Research Agenda [J]. Journal of Management Studies, 2006, 43 (4).

[76] Zhu Q., Sarkis J., Lai K. H. Green Supply Chain Management Innovation Diffusion and its Relationship to Organizational Improvement: An Ecological Modernization Perspective [J]. Journal of Engineering and Technology Management, 2012, 29 (1).

[77] Zollo M., Winter S. G. Deliberate Learning and the Evolution of Dynamic Capabilities [J]. Organization Science, 2002, 13 (3).

后　记

本书是由几个课题研究报告修改而成的。根据国务院批复的《鄱阳湖生态经济区规划》，鄱阳湖生态经济区土地面积5.12万平方公里，包括南昌、景德镇、鹰潭三市，以及九江、新余、抚州、宜春、上饶、吉安的部分县（市、区），共38个县（市、区），其中还包含18个工业园区。为了在这么广泛的范围内探索研究其循环经济发展问题，课题组成员深入鄱阳湖生态经济区相关地市县及各个有关工业园区进行调研，同时拜访江西省发改委、工信委、环保厅、农业厅、商务厅、江西省中小企业局等相关政府部门，搜集资料和听取意见。

课题能够顺利完成，得益于所有课题组成员的共同努力和艰辛付出。课题负责人博士生导师卢福财教授，统筹安排课题研究各项工作，从选题、框架梳理，到资料收集、指导研究、课题报告修改每一环节都亲力亲为、反复推敲。在卢教授的指导下课题组其他成员也尽心尽力完成自己的工作任务，江西财经大学鄱阳湖生态研究院孔凡斌教授、肖文海教授、李秀香教授、黄和平副教授、胡绵好副教授负责循环经济理论的丰富与发展；江西财经大学产业经济研究院博士研究生饶超、江西省发改委王晶博士、江西财经大学工商学院博士研究生王鑫等负责鄱阳湖生态经济区循环经济评价研究、鄱阳湖生态经济区三次产业循环经济发展分析、鄱阳湖生态经济区生态工业园的构建，以及国内外循环经济发展经验借鉴等内容；江西财经大学产业经济研究院硕士研究生罗军、彭慧莲、谢巍、查育新负责相关资料的调查研究、数据处理与分析等工作；最后团队一起讨论并提出促进鄱阳湖生态经济区循环经济发展的对策建议。另外，还有江西财经大学其他几位硕士研究生参与了课题前期研究。本书最后由卢福财和饶超负责统稿编撰工作。

在课题研究和本书成稿过程中，我们得到了校内外许多专家、学者、领导、工作人员及研究生的帮助，特别是九江市政府、湖口县政府、南昌高新区、南昌经开区等鄱阳湖生态区相关地市县人民政府的领导和工作人员，江西省发改委、工信委、环保厅、农业厅、商务厅、江西省中小企业局等省直部门的领导和工作人员，以及各个工业园区的领导和工作人员，他们在实地调研中给予了我们无私的指导与帮助，他们对课题的顺利完成既提供了条件又给予了帮助，还对如何做好课题研究提出了许多宝贵的意见。因此，在本书付梓之际，我们要向他们表示衷心的感谢！

课题涉及循环经济的内容庞杂，理论体系综合交错，既有研究成果丰富，为保证课题研究的广度与深度，我们借鉴了部分学者在相关领域的研究成果，虽然我们主观上想对所有文献资料都予以标注，但不可避免会存在挂一漏万的情况，在此要对这些研究工作者一并表达我们诚挚的谢意。

我们还要感谢国家自然科学基金委的领导、江西省教育厅社政处的领导、江西财经大学科研处的领导、江西财经大学产业经济研究院的领导和老师，以及参与相关课题开题和验收的专家，他们的指导和帮助对本书的最终完成具有重要的作用，是无以替代和难以忘怀的。

要感谢的人还有很多很多，无法一一列举，我们真诚地感谢与祝福他们，谢谢他们！！

本书作者
2015年6月于江西财经大学蛟桥园